齐鲁文化与治国安邦 | 张文珍 王凤青 主编

齐鲁文化精神及其当代价值

张文珍 著

人民出版社

总　序

泱泱中华，璀璨齐鲁。泰山在此耸立，黄河从此地入海，孔子、孟子、孙子等在这里诞生，齐长城在此地横亘，齐文化、鲁文化以及黄河文化、运河文化、泰山文化等凝聚而成的齐鲁文化在灿烂辉煌的中华优秀传统文化中占据重要地位。

齐鲁文化以东夷文化和周文化等为渊源，以姜太公、周公为肇始，融多元文化精髓，形成了独具特色的文化体系。姜太公封于齐，因俗简礼，以"重工厚商"为国策，开创"尊贤尚功"的用人传统；至管仲相齐，以礼法并重、农商同举、义利兼顾等策，使齐国"九合诸侯，一匡天下"；后又有晏婴治齐，"其政任贤，其行爱民"；田齐时期，创立稷下学宫，引百家争鸣。周公之子封于鲁，变俗革礼，其后"周礼尽在鲁"；至孔子创立儒学，以"仁"为核心，将礼乐文化提升为礼义之学；孟子继之，遂使鲁文化形成崇仁、重礼、尚德、贵和的传统；荀子纳齐入鲁，讲礼法并用，工商农并举。秦汉以后，齐、鲁文化逐渐融合形成儒家文化，并由地域文化演变为官方文化和主流文化，成为中国传统文化的主干。

齐鲁文化在其形成和发展过程中产生的各种思想文化，记载了中华民族在漫长历史进程中进行的精神活动和所取得的文化成果，反映了中华民族的精神追求，是中华民族生生不息、发展壮大的重要滋养。它所蕴含的丰富哲学思想、人文精神、教化思想、道德理念等，历久弥新，散发着永久魅力，展现出新的时代风采。特别是其中蕴含着丰厚的治国安邦经验，既包括升平之世社会发展进步的成功经验，也有衰乱之世社会动荡的深刻教训，比如为政以德、正己修身，民惟邦本、政得其民，礼法合治、德主刑辅，为政之要莫先于得人、治国先治吏，居安思危、改易更化等等，都能给后世以重要启示。

齐鲁文化文脉绵长，千年哲思应在新时代发挥更大的价值与力量。2013 年 11 月 26 日，习近平总书记考察山东，明确提出要加强对中华优秀传统文化的挖掘和阐发，努力实现中华优秀传统文化的创造性转化、创新性发展。2018 年 6 月，习近平总书记再次对山东发挥传统文化资源优势提出殷切期望。2021 年 5 月，习近平总书记在给《文史哲》编辑部全体编辑人员的回信中，强调"在新的时代条件下推动中华优秀传统文化创造性转化、创新性发展"。2024 年 5 月 22 日至 24 日，习近平总书记再次到山东考察，强调山东要担负起新时代的文化使命。山东牢记总书记殷殷嘱托，扛牢使命担当，始终把文化"两创"作为重大政治任务，立足人文优势，坚持守正创新，聚力打造文化"两创"新标杆，谱写了优秀传统文化"两创"

的山东新篇章。

坚持历史唯物主义和辩证唯物主义的原则，以客观、科学、礼敬的态度，把握齐鲁文化的渊源与脉络，深入理解其根本精神，发掘其中富有恒久意义和时代价值的文化元素。而后致力古为今用、推陈出新，不断赋予齐鲁文化新的时代内涵和现代表达形式，使齐鲁文化的优秀文化基因与当代文化相适应、与现代社会相协调，创造出更易为当代人接受的、适合这个时代的新文化，是我们推动齐鲁文化创造性转化、创新性发展的根本遵循。

知所从来，方明所往。习近平总书记指出，我们共产党人"不是历史虚无主义者，也不是文化虚无主义者，不能数典忘祖、妄自菲薄。"欲知大道，必先为史。今天是从昨天和前天发展而来，要治理好发展好今天，需要对历史和传统有深入了解，也需要对古代治国安邦的探索和智慧进行积极总结。鉴于此，我们在齐鲁文化学术与理论研究成果基础上，推出"齐鲁文化与治国安邦"系列读本，从齐鲁文化精神、富国强兵、礼法之治、以民为本、选贤任能、政德思想、礼乐文明、开放包容、天人合一、家风家教等诸多方面深入挖掘齐鲁文化精髓，揭示其蕴含的哲学理念、精神内涵、治政思想、家国情怀、人格理想等。分列十个专题：《齐鲁文化精神及其当代价值》（总论）、《齐鲁文化中的富国强兵》、《齐鲁文化中的礼法之治》、《齐鲁文化中的以民为本》、《齐鲁文化中的选贤任能》、《齐鲁文化中的政德思想》、《齐鲁文化中的礼乐文明》、《齐鲁文化中的开放包容》、《齐鲁文化中的天人合一》、《齐鲁文化中的家风家教》。本系列丛书力求严谨的学术理论分析，注重对齐鲁文化的精髓要义进行再研究再发掘，在准确解读与系统阐释的基础上，找到古与今的价值契合点，从而实现理论与实践相结合，让齐鲁优秀传统文化所蕴含的丰富治国安邦智慧"活起来"。在形式上，适当配以图片及知识链接，力求生动活泼，图文并茂，以增强其可读性。

习近平总书记在 2013 年 11 月 26 日视察孔子研究院时的讲话中指出，"中华民族有着源远流长的传统文化，也一定能创造中华文化新的辉煌"。此套系列丛书的出版，必将在贯彻落实习近平文化思想、推动齐鲁优秀传统文化创造性转化创新性发展、更好担负起新时代新的文化使命中发挥应有的作用，产生积极的影响。

目　　录

绪　论

　　齐鲁文化是先秦时期在今山东省境内形成和发展的一种地域文化，是齐文化、鲁文化经过漫长的相互交流、相互融合的历史过程最终形成的一个有机的文化整体。齐鲁文化是中国传统文化的主要源头之一和重要组成部分，是祖先留给我们的宝贵文化遗产。在长期的历史进程和社会发展中，齐鲁文化积淀形成了爱国主义、求真务实、自强不息、厚德载物、勤劳勇敢等优秀精神传统，奠定了中国传统文化精神和中华民族精神的基础。正是这一精神力量，使得中华民族在数千年的风风雨雨中，万众一心，披荆斩棘，不断前进。

（一）齐鲁文化形成

西周初年齐鲁建国，由于齐、鲁两国人文环境、地理条件的不同和建国方略的差异，造成两种风格迥异的文化体系：齐文化和鲁文化。在西周和春秋近六百年的时间里，齐文化和鲁文化沿着各自独特的道路发展，使黄河下游地区的文化格局呈现出多元化状态。齐文化是以东夷文化为主、以周文化为辅而形成的一种文化系统。经济上，从齐地靠海、土地瘠薄的实际情况出发，除了继承周的"重农"传统外，又实行"通商工之业，便鱼盐之利"的政策，以农业为主，农、工、商并举；政治上，不囿于周之"尊尊而亲亲"的宗法原则，而是"举贤而尚功"；文化上，主张宽松自由，兼容并包，"因其俗，简其礼"。齐文化最终成为一种合时俗，务实际，具有革新性、开放性和包容性的功利型文化传统。鲁文化则是以周文化为主、以东夷文化为辅而形成的一种文化系统。经济上，由于鲁的封地位于泰山以南的平原，肥沃的土地适于农耕，这就使鲁文化一开始就具有一种农业文化的特征；政治上，鲁国统治者强调周的宗法制度，主张"尊尊而亲亲"；文化上，则采取"变其俗，革其礼"的方针，用周文化改造土著文化，其所讲求的礼乐仁义即重礼的周文化和重仁的东夷文化结合的产物。鲁文化逐渐发展成为一种重仁义、尊传统、尚伦理、贵人和的道德型文化传统。

战国秦汉时期，是齐鲁文化的综合发展时期。进入战国，由于齐国对鲁国的兼并，造成黄河下游地区政治上的局部统一。而学术文化界兴起的百家争鸣，则促进了区域间的文化交流。在这个背景下，齐、鲁两大文化传统的交融日益发展，逐渐走上了一体化的道路。战国时期，齐、鲁文化的相互交流和影响，表现在思想领域，主要是孟子对齐学的批判吸收，邹衍阴阳五行说对鲁学的渗透以及管子学派和荀子对齐学和鲁学的糅合。特别是《管子》《荀子》的出现，反映了齐鲁两大学派走向统一的历史趋向。秦及汉初，齐学盛极一时，主要表现在黄老学和阴阳五行学的盛行。这一历史时期齐学与鲁学的融合，为其后董仲舒以阴阳五行说构筑新的儒学体系作了理论准备；同时也为汉代儒学内部的齐学与鲁学以及今古文经学之争埋下了伏线。经过东汉今古文经学的学术之争，双方相互批判又相互渗透，至东汉末年，一代经学大师郑玄会通古文经学、今文经学，最终完成了齐鲁文化一体化的过程。

齐鲁文化是一种复合型文化。它不仅融合了齐文化和鲁文化，而且兼收并蓄，广泛吸收了其他地域文化的长处，逐渐形成了一种具有多元性、开放性、内容博杂宏富特点的文化。在汉武帝独尊儒术以后，齐鲁文化便获得了在政治和文化上的支配地位，成为一种政治大一统背景下的官方文化，最终融入统一的中国传统文化之中，并成为中国传统文化的核心与主体。

（二）齐鲁文化特征

作为地域文化形态的齐鲁文化，其内涵与特点因为接受层次与运用主体的不同而不同。民间文化中的齐鲁文化就是指鲁文化，我们通常说齐鲁之地、礼仪之邦，主要体现的是鲁文化特色；而政治思想理论中的齐鲁文化应该更多地指齐、鲁文化融合后的齐鲁文化，其中融合了法家与其他诸子思想中更利于统治的因素，是一种综合性的思想。我们所论之齐鲁文化主要指后者，其内容、精神特征都十分丰富，我们不可能面面俱到，仅拈其要者说之。

1. 政治文化上的礼法合流

齐鲁文化是齐、鲁两个地域文化的融合，它以周公和姜太公为先驱者，建立起鲁文化和齐文化两大体系，并在良性互动中发展，形成齐鲁文化这一有机整体。周公之子封于鲁，其后人将周礼传承下来；至孔子创立儒学，以"仁"为核心，将礼乐文化提升为礼义之学；孟子继之，遂使鲁文化形成崇仁、重礼、尚德、贵和的传统。姜太公封于齐，将周礼部分内容与当地东夷文化和民俗结合起来，在建立礼乐制度的同时，注重发展经济、健全法制、增强实力。至齐桓公和管仲，形成霸业；后又有晏婴治齐，政绩卓绝；以《管子》为代表的齐文化，礼法并重、农商同举、义利兼顾。鲁文化与齐文化的汇合与互补，使得这一新的思想体系，既强化了儒家哲学思想的基本精神，又吸取了法家的刑法思想；既注意道德礼乐的建设，又注意行政法规的完善；既重视人文价值理想，又重视现实国计民生；德教、法治兼重，道德与功利兼重，对于中国传统文化思想的形成具有深刻影响。

文武兼备也是融合后的齐鲁文化的一大特点。齐鲁受封之初即享有不同的特权，鲁享受之文化特权更加突出，遂形成重文传统，涌现出了孔子、孟子、墨子、颜子、曾子等一批文化巨子，皆负"圣"名。最早两个学术派别儒、墨产生于鲁，战国时并称显学，地位显赫。齐国享有军事特权，形成尚武重兵传统，产生了管仲、司马穰苴、孙武、孙膑、田忌、田单等一批军事家和兵学大师。世界上最早、理论最系统完备的兵典《孙子兵法》和《孙膑兵法》出自齐人之手，二人皆可称为兵圣。齐鲁两国一武一文，文武对比鲜明。战国以后慢慢合流，融为一体，形成文武兼备的格局。

2.经济文化上的农商并重

齐鲁文化，并非齐文化和鲁文化两种文化的简单相加，而是两者的融会贯通。从总体上讲，齐文化属于海洋文化类型，这与齐国所处的地理位置和自然条件有关。齐地是沿海区域，有很长的海岸线，其疆界"南有泰山，东有琅邪，西有清河，北有渤海"（《史记·齐太公世家》）。《史记·货殖列传》云："齐带山海，膏壤千里，宜桑麻，人民多文采布帛鱼盐。"因此，齐国是沿海经济，存在着多种经济类型：农耕、渔业、制盐业、运输业、手工业，等等。齐国的商品经济亦十分发达，当时他们实行了"四民分业"的政策，把手工业、商贸业界定为一个专门的行业，大大提高了工商业者的政治地位。桓管时期，齐国的市场已形成一定的规模，设有专门的商人之乡；到战国时，齐国的市场发展更加迅速，不论是大都市还是小城镇都普遍设市，而且物品丰富，市场繁华，既方便了生活，又促进了城市的发展，为国家带来大批财富。这样做的结果是"天下之商贾归之若流水"（《管子·轻重乙》），齐国国力大增，"天下强国无过齐者"（《史记·张仪列传》），其都城临淄成为繁华富庶的商业大都市。

相比较而言，鲁文化更多体现大陆文化的特点，这取决于其特殊的地理环境、自然条件与经济政策。鲁国地处泰山之阳，"宜五谷桑麻六畜，地小人众，数被水旱之害，民好畜藏，……好农而重民"（《史记·货殖列传》）。鲁国人过的是安土重迁、自给自足的农耕生活，鲁国统治者更加重视农业，商品经济不甚发达。但事情不是绝对的，鲁国对于商业虽没有明确的鼓励措施，却也不加限制，所以鲁国的工商业绝不是处于停滞状态，而是一直在默默发展着；甚至司马迁在《史记·货殖列传》中提到的17名大商人中，有6位是鲁人或客居于鲁，其中最有名的是子贡。子贡是孔子的学生，他既是一位优秀的政治家和外交活动家，同时还是一位经商的大能人。《史记·货殖列传》载："七十子之徒，赐最为饶益。"赐即子贡。《史记·仲尼弟子列传》说他："子贡好废举，与时转货资……家累千金"，这里的"废举"是指贱买贵卖；"转货"是指随时转货以殖其资，即：子贡依据市场行情的变化，贱买贵卖从中获利，以成巨富。而孔子对子贡善于经商的本事赞许有加，孔子曾将子贡和颜回作比较："回也其庶乎，屡空。赐不受命，而货殖焉，亿则屡中。"在经商方面颜回的资质远不及子贡，子贡头脑灵活、不守常规，在市场预测和商业经营中每每成功。这都说明子贡不仅善于经商，而且是一位经商发了大财的人。巨富的积累，使"子贡结驷连骑，束帛之币以聘享诸侯，所至，国君无不分庭与之抗礼。"《史记·货殖列传》曰："邹鲁以其故多去文学而趋利者。"甚至鲁人的精神面貌也变得"好贾趋利"（《史记·货殖列传》）起来。

3.学术思想文化上的多样统一

齐鲁文化原本多元，在发展的过程中又广泛吸收其他学派的思想内容，形成了博大宏富兼容并包的特点。儒家、法家、道家、阴阳家、兵家、墨家、名家、方技、数术、巫医等众多学派都在齐鲁大地形成，他们各有各的学术观点，但都统一到经世致用这一大目标之下。如儒家尚仁义、重礼制、讲中道，墨家讲"兼爱""非攻""尚贤""尚同""非命""非乐""节葬""明鬼"；管、晏强调富国强兵，成就霸业，但又主张重视人的作用，明确提出"以人为本"（《管子·霸言》），实施道德教化，使人们知礼节、明荣辱，培养道德自觉精神，可见他们思想是王霸杂用，礼法并举；黄老道家是管仲学派的又一支系，其特点是合道、法于一体，而偏重于道，既主张"虚静无为""弃知去己""万物齐一"，又主张依法治国，积极救世；兵家虽然尚武，讲制胜之道，但从其经典《孙子兵法》和《孙膑兵法》来看，兵家强调"得众""得民心"，认为人民是力量之源，还主张"爱卒""休民"等行德于民、取信于民的措施……由此可见，齐鲁文化虽然学派众多，内容多样，系统或体系不一，但都统一于人道，统一于入世精神和济世安民的愿望。

4. 为人之道上的崇德尚义

鲁文化是仁者型文化，重伦理道德，崇尚礼仪秩序，讲究仁爱诚信；齐文化是智者型文化，崇尚力量和智慧，善于权变，尚武侠义。这两种不同的文化基因，共同塑造了齐鲁人民的性格特征。

鲁文化重视做人的德性修养，强调成就君子式的人格。《易传》曰："地势坤，君子以厚德载物。"认为君子应像大地那样具有宽厚包容的品格。儒家思想学说的核心是仁，而仁的本质是爱人。"樊迟问仁，子曰：爱人。"(《论语·颜渊》) 在《中庸》中孔子说："仁者，人也。"孔子还有马厩失火问人不问马和诅咒"始作俑者"的美谈，这就决定了由他开创的儒家文化根本上是一种人道文化，关注人与人之间的关系，强调人际关系的和谐美好。孟子认为"人之初，性本善"，他对人性充满希望，对每一个个体保有信心。他相信人心中潜在的求善求美之本能，只要加以引导，即可走上正途，有所作为。所以他主张实行仁政，要求统治者治国以礼、以德，加强自身修养，以身作则，起到表率榜样的作用。在下者也要修身养性，各安其分，依礼而行。这样上贤下良，人人都养成自觉遵守道德规范的良好习惯，就不用靠硬性的法律，就没有残酷的杀戮，"四海之内皆兄弟也"（《论语·颜渊》），整个社会便会成为一个其乐融融、温馨和美的大家庭。尚义就是以义为行为规则，讲原则，讲正义，唯义是从。《管子·牧民》篇提出"礼义廉耻"为国之"四维"，"四维不张，国乃灭亡"。在民族大义面前，舍生忘死，勇猛顽强。如孟子所讲，"鱼，我所欲也；熊掌，亦我所欲也。二者不可得兼，舍鱼而取熊掌者也。生，亦我所欲也；义，亦我所欲也。二者不可得兼，舍生而取义者也。"（《孟子·告子上》）为追求真理，维护正义，可以视死如归，义无反顾，在所不惜。

人们常说"一方水土养一方人"。从文化与精神角度讲，可以说"一方水土孕育一方文化"，"一方文化培养一方精神"，"一方精神塑造一方人"。文化是精神产生的土壤和根基，精神是文化的灵魂和品格，文化与精神相互依存，不可分割。齐鲁文化蕴含许多优秀的精神传统，通过不同历史阶段的积淀和发扬，成为推动社会前进的巨大精神力量。新时代，我们面临全面建成社会主义现代化强国、实现中华民族伟大复兴的宏伟使命，必须充分发掘齐鲁文化优秀资源，传承弘扬齐鲁文化优秀精神传统，从中汲取强大精神力量，形成与经济社会发展相适应的文化优势。

一、崇尚气节的爱国精神

　　爱国主义精神是中华民族精神之魂，是中华民族绵延不衰的力量之源，是炎黄子孙傲立世界的精神之基。千百年来，中国历史上爱国志士、民族英雄层出不穷，他们以热血与生命，谱写了一曲曲可歌可泣的爱国乐章，形成了中华民族爱国主义的光荣传统。作为中华文化源头活水的齐鲁文化，澎湃着热烈诚挚的爱国激情，对塑造形成中华民族的爱国品格发挥了非常重要的作用。

（一）以义为上，威武不屈

爱国主义精神最重要的表现是对气节的重视。所谓气节即志气和节操，指坚持正义、追求真理的决心和勇气，蕴含不畏强暴、不谋私利、不向邪恶低头的英雄气概和高尚品质。

齐鲁文化尚义，山东人被视为"义"的化身。何谓"义"？"义"有广义狭义之分，广义的"义"是一个德目，泛指道义，如"舍生取义""义无反顾"等；狭义的"义"则为"五常"之一，是判断是非善恶的标准和人们行为的价值准则。孔子对"义"有一个准确的界定，他说："义者，宜也"（《中庸》），即按照仁与礼的规范，做应该做的事就是义。什么是应该做的事？就是对的事、好的事、正确的事、真善美的事，一言以蔽之，即符合正确价值观的事情。而尚义就是以义为行为规则，讲原则，讲正义，唯义是从。义往往与其他价值相对应而出，这就经常面临着选择。当义利相连时，要重义轻利；当义跟勇相连时，要见义勇为。

🔗 **知识链接**

孔子曰："饭疏食饮水，曲肱而枕之，乐亦在其中矣。不义而富且贵，于我如浮云"（《论语·述而》）。"富与贵，是人之所欲也；不以其道得之，不处也。贫与贱，是人之所恶也；不以其道得之，不去也"（《论语·里仁》）。

在面对权势与强暴时，要坚持真理与正义，无所畏惧。孔子在大多数情况下，都是一个安详稳重、温文尔雅的谦谦君子，但他也有斩钉截铁、慷慨激昂的一面，他说："见义不为，无勇也"（《论语·为政》），"勇者不惧"（《论语·子罕》）。尚义的最高准则是舍生取义，以义为生命的价值所在。孔子说："志士仁人，无求生以害仁，有杀身以成仁"（《论语·卫灵公》）。这掷地有声的话语让人感受到一种大义凛然、无所畏惧的精神品格。孟子善养"浩然之气"，"居天下之广居，立天下之正位，行天下之大道。得志，与民由之；不得志，独行其道。富贵不能淫，贫贱不能移，威武不能屈，此之谓大丈夫"（《孟子·滕文公下》）。大丈夫，应该住在天下最宽广的住宅里，站在天下最正确的位置上，走着天下最光明的大道。得志的时候，与老百姓一同前进；不得志的时候，独自坚持自己的原则。富贵不能使我骄奢淫逸，贫贱不能使我改移节操，威武不能使我屈服意志，这样才叫作大丈夫！显现出刚正无畏、特立独行、凛然不可侵犯的昂扬姿态和浩然正气。而且越是危难之时，越显英雄之本色，"自反而缩，虽千万人，吾往矣"（《孟子·公孙丑上》）。

后世将杀身成仁、舍生取义并提，成为志士仁人以民族和国家利益为重的爱国精神。南宋文天祥英勇就义前在衣带中留下遗言："孔曰成仁，孟曰取义，惟其义尽，所以仁至。读圣贤书，所学何事，而今而后，庶几无愧"（《宋史·文天祥传》）。清代焦循提出："杀身不必尽刀锯鼎镬"，"以死勤事，即杀身成仁"(《雕菰楼文集》)。诸葛亮"鞠躬尽瘁，死而后已"，历代传颂的"国而忘家，公而忘私"(贾谊《治安策》)，"先天下之忧而忧，后天下之乐而乐"(范仲淹《岳阳楼记》)，"苟利国家生死以，岂因祸福避趋之"(林则徐《赴戍登程口占示家人二首》)等至理名言，都是一种宝贵的爱国主义精神的体现。

（二）家国同构，丹心报国

齐鲁文化是一种伦理本位的文化，重血缘亲情，同时又将这种家族之情扩展到国家人民，以孝悌之心爱人报国。《论语》引孔子弟子有子的话说："其为人也孝弟，而好犯上者，鲜矣；不好犯上，而好作乱者，未之有也。"(《论语·学而》)孝忠一致，孝是忠的基础，忠是孝的扩大。孝敬父母尊敬兄弟的人也会忠于君主忠于国家，一个连自己亲人都不爱不敬的人也谈不上爱他人爱民族爱国家。家国同构，家是小国，国是大家。以国为家，爱国如家，舍小家为大家，以国家利益为最高利益，个人利益必须服从国家利益。

《吕氏春秋·察微》曾记载孔子弟子子贡赎人和子路受牛的故事。鲁国有一条法律，鲁国人在国外沦为奴隶，如有人把他们赎出来，可以到国库中报销赎金。有一次，子贡在国外赎了一个鲁国人，回国后却不领赎金。孔子说：赐的做法不对，从今以后，鲁国人就不肯再替沦为奴隶的同胞赎身了。你领取国家的补偿金，并不会损害你的品行；但你不取回你抵付的钱，别人就不肯再赎人了。另一个子路受牛的故事说的是，子路救起一名落水者，那人感谢他，送了他一头牛，子路收下了。孔子说：这下鲁国人一定会勇于救落水者了。虽然孔子重视为人处世的高尚道德，但是在国家利益面前，个人的德都得让路。

以天下为己任，以一己之私利为耻。齐相管仲，原本与召忽辅佐公子纠，公子纠死难，召忽殉主触柱自杀，管仲目睹这一切，却不为所动。对管仲的不死纠，胶柱鼓瑟、目光短浅的道德家们颇有微词，讥其不忠。但深入了解管仲为人和远大志向的好友鲍叔牙说："夫夷吾之不死纠也，为欲定齐国之社稷也。"管仲早就表白过自己为了国家社稷粉身碎骨也在所不惜，但不会单纯为了哪一个人而死的想法："夷吾之为君臣也，将承君命奉社稷以持守庙，岂死一纠哉？夷吾之所死者，社稷破，宗庙灭，祭祀绝，则夷吾死之。非此三者，则夷吾生。夷吾生则齐国利，夷吾死则齐国不利。"（《管子·大匡》）对此，远见卓识的政治家思想家们都表示了理解与赞同。比如孔子认为管子的这种行为是"岂若匹夫匹妇之为谅也。自经于沟渎，而莫之知也"（《论语·宪问》）。孔子用自己最看重的道德水准"仁"来评价管子："桓公九合诸侯不以兵车，管仲之力也。如其仁，如其仁！"（《论语·宪问》）"民到于今受其赐，微管仲，吾其被发左衽矣"（《论语·宪问》）。管子有更宏伟的抱负，是为了国家民族利益着想，而不是为了成就个人一己的名声。他对齐国乃至中原经济繁荣、政治稳定作出巨大贡献，管子的爱

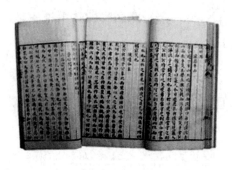
《晏子春秋》书影

国主义是深层次的，他成就的是民族国家的大节。

齐国另一位政治家晏婴的品德不仅体现在忠君上，还体现在爱国上。从《晏子春秋》中我们可知，晏婴不仅是一名政治家，还是一名出色的外交家。晏婴从政期间，就曾出使过吴国、楚国、鲁国等地，其中《晏子使楚》的故事可谓家喻户晓。人们往往钦佩于晏婴的睿智与善辩，却忽略了其睿智背后的爱国品德。晏子面对不敬的言辞与行为，机智灵活，反唇相讥，不辱君命，维护了自我与国家的尊严，赢得了对方的尊重。据《晏子春秋》记载，楚国嘲笑晏婴个子矮小，故意让晏婴从大门旁边的小门进，晏婴拒绝从小门入楚，坚持从大门进去。其原因是，自己作为齐国的使者出使楚国，代表的是齐国的形象。如果从小门进入，就代表着楚、齐的不平等地位，使其他诸侯国轻视齐国的存在。强烈的爱国情怀使得晏婴坚持从大门入楚。入楚后，楚王又故意设置一个情景刁难晏婴，说："齐人固善盗乎？"面对楚王的挑衅，晏婴以橘子在南方、北方结出不同的果实口味为例子，指出造成这种现象的原因是水土不同，从而阐明了并不是齐国人善盗而是来了楚国后形成了盗窃的习惯，说明楚国有让人盗窃的环境和土壤。晏婴机智反驳楚王显示了强烈的爱国情怀，他不允许别人羞辱自己的国家和人民，即使是楚国的一国之君也不行。看得出来，在处理国与国之间的外交关系时，晏婴面对出使国不友好的刁难，以不卑不亢的态度，利用自己善辩的特长，既不激怒对方避免了两国之间产生矛盾，又维护了国家的尊严。

| 晏子雕像

🔗 **知识链接** ·········

　　齐景公喜欢捕鸟，让一个叫烛邹的人管理鸟，但鸟却飞走了。齐景公非常生气，要杀掉烛邹。晏子说："烛邹有三条罪状，请让我列数后再杀他。"景公同意。于是召见烛邹，在齐景公面前列数他的罪行，晏子说："烛邹，你是我们君王的养鸟人，却让鸟飞走了，这是第一条罪状；让我们君王为了一只鸟的缘故就要杀人，这是第二条罪状；让其他诸侯听到这件事，认为我们的君王看重鸟而轻视手下的人，这是第三条罪状。烛邹的罪状已经列举完毕，请杀他吧。"景公说："不能杀！

我明白你的指教了。"

一个忠诚的爱国者，应该以国家利益为重，切实履行对国家应尽的义务，同时也应在危急时刻担负起捍卫国家利益的神圣职责，在面对权势与强暴时，坚持真理与正义，无所畏惧。

孔子不仅是一个具有温良恭俭让品格的谦谦君子，而且非常有血性。孔子曾经诛杀少正卯，成为历史上争论不休的大事件。因为孔子一向以仁德教化著称，当他成为鲁国大司寇后，为什么大开杀戒，诛杀当时在鲁国名气不小的少正卯？其实仔细分析史实就可以发现，孔子绝不是出于个人恩怨，而是为国家长远利益考虑。少正卯是鲁国的一位知名人物，他的辩才吸引了众多弟子。然而，其思想却偏离了正道，心术不正，行为乖僻。孔子曾评价他："心达而险，行僻而坚，言伪而辩，记丑而博，顺非而泽。"这五恶，少正卯兼而有之，其危害之大，不可不除。孔子诛杀少正卯，并非一时冲动，而是深思熟虑后的决定。少正卯的言论虽然华丽，却充满了谬误和误导，他煽动人心，扰乱政治，对鲁国的稳定构成了严重威胁。孔子诛少正卯的行为，并非仅仅是为了打击一个具体的敌人，更是为了维护思想的纯洁和社会的稳定。他深知，小人若无过人之才，不足以乱国；但若小人有了才，却不肯受君子之驾驭，那将对国家造成更大的危害。少正卯正是这样的小人，他虽有才华，却不肯正道直行，反而以"巧言"为幌子，行惑乱之实。孔子诛少正卯的行为也体现了他的智慧和谋略。他明白，对于那些偏离正道、危害社会的人，必须采取果断措施予以打击。只有这样，才能维护社会的稳定和公正，确保人民安居乐业。

齐国军事家孙膑出奇制胜，败魏于桂陵、马陵，保卫了齐国。鲁国子贡为了拯救鲁国，以其出色的谋划和外交才能，奔走各国，巧妙劝说，创造"一出而存鲁，灭吴，弱齐，强晋而霸越"的奇迹，使得鲁、吴、齐、晋、越五个国家的局势因他而改变。《史记》赞叹道，"子贡一使，使势相破，十年之中，五国各有变"。墨子日夜奔走，宣传他的"兼爱""非攻"主张，消弭战争，体现了爱国爱民的情怀。鲁国的小民曹刿，在强敌压境，国家危亡的关头，毛遂自荐。他的同乡人对他说：那些居高官、享厚禄的人在那里谋划，你又何必去参与呢？曹刿不为所动，挺身而出，沉着应战，一鼓作气，战胜敌人。曹刿虽然没有将士的勇猛和勇力，也没有在战场上冲锋陷阵浴血奋战，却能凭借智慧，以柔克刚，以弱胜强，以小取大。越是危难之时，越显英雄之本色，为了真理与正义，舍生忘死，表现出一种昂然向上的浩然正气与大无畏的英雄气节。

（三）胸怀天下，铁肩担道

时刻将国家民族利益放在心上，为了国家的强大，民族的振兴，出谋划策，殚精竭虑，无私奉献，这是高层次的爱国主

周公画像

义。商汤早起晚睡，操劳政务，体察民情，勤奋不息，创下商朝五百余年辉煌基业，后世歌颂他"商之先后，受命不殆"。周公旦为周王朝的建立及巩固立下汗马功劳，其功绩被《尚书大传》概括为："一年救乱，二年克殷，三年践奄，四年建侯卫，五年营成周，六年制礼作乐，七年致政成王。"周公乃文王之子，武王之弟，成王之叔父。文王在世时，周公就恭敬孝顺，忠厚仁慈，胜过别的兄弟。武王即位后，周公辅佐武王伐纣，灭商，建立周王朝，后又帮助武王及成王处理政务，忠心耿耿尽职尽责，到了废寝忘食、呕心沥血的地步。《史记·鲁周公世家》记周公，"一沐三捉发，一饭三吐哺，起以待士。"为了接待不断来访的贤人志士，洗一次头发就会被打断多次，要多次握住头发；吃一顿饭，也被打断多次，将饭吐出来，以如此恭敬的态度对待客人，虚心地听取意见。为了周朝长治久安，周公制礼作乐，建立了周朝各方面的重要制度，其主要内容是尊天、敬祖、保民、崇德等，开创了封建宗法制度，奠定了中国传统文化的基石。周公实际上是鲁国建国和治国的总指挥和总策划者，他制定了鲁国的治国方略和大政方针。孔子非常推崇周公，周公被尊为"元圣"和儒学先驱。

 知识链接 ....

握发吐哺。据司马迁《史记·鲁周公世家》记载，周公告诫伯禽说："我一沐三捉发，一饭三吐哺，起以待士，犹恐失天下之贤人。"周公姓姬名旦，是文王之子、武王之弟、成王之叔父，中国古代著名政治家。周公曾两次辅佐武王伐纣；武王崩，又辅佐年幼的成王摄政，并制作礼乐，奠定了后世礼乐文明的基础。为了招揽天下贤人，周公洗一次头，曾多次握起尚未洗完的头发；吃一顿饭，亦数次吐出口中正在咀嚼的食物，迫不及待的去接待贤士，以表求贤若渴之心。

儒家文化的创始人孔子是一个积极入世者，他对社会有着强烈的责任感使命感，他急切地想将自己所学的知识用于治理国家，为国家人民作出贡献，但却不遇明主，抱负无由施展，理想志向得不到实现。本人无用武之地，便带领弟子们周游列国，凄凄惶惶，到处遭遇冷眼和奚落，狼狈的样子被人讥为"丧家之犬"。但他从不灰心失意，颓废消沉。他对劝阻的人说："天下有道，丘不与易也！"（《论语·微子》）正说明孔子不能忘怀世事，他心里放不下这个纷纷扰扰的社会，他还想贡献自己的一份力量。从政之路行不通，他便转而开办学校教授学生，在他门下出现一大批有用的人才；同时他整理古籍，为中华文化留下了宝贵的精神财富。孔子不仅自己"发愤忘食，乐以忘忧，不知老之将至"（《论语·述而》），而且督促激励他的弟子们追求不止，奋进不已，直到生命的最后一刻。孔子晚年著《春秋》，上至隐公，下讫哀公十四年，用隐约的笔法对历史事件、人物进行褒贬，致使"乱臣贼子惧"。《史记·孔子世家》记：孔子"为《春秋》，笔则笔，削则削，子夏之徒不能赞一辞。"就是字斟句酌，一字不易。按照孟子的说法，孔子生活的时代，"世衰道微，邪说暴行有作；臣弑其君者有之，子弑其父者有之。孔子惧，作《春秋》。《春秋》，天子之事也。"（《孟子·滕文公下》）可见，孔子作《春秋》的目的是通过记录历史事件来警示后人，揭露乱臣贼子的野心，让君主提防他们，积极治理朝政，安抚人民，维护社会的稳定和国家的安宁。孔子的这一行为，不仅体现了他对社会的深刻洞察和责任感，也展现了他希望通过教育和历史记录来影响未来的愿景，体现出深深的忧患意识和对国家社稷的使命感。有一位思想家这样评价孔子：孔子的一生是追求人生理想境界的一生，是追求社会治平、世界太平之道的一生，同时又是充满悲剧色彩的一生。世界上许多伟大人物的人生都有悲剧色彩，但他们每个人的具体经历和情景是各不相同的。孔子在他那个时代，可以说是"知其不可而为之"，似乎是逆着潮流而走。但是他把自己的一生献给了自己的民族和人类，所以说他是东方的圣人。在现在中西对话中，孔子是东方文化的象征。[1]

🔗 知识链接

知其不可而为之。此语出自《论语·宪问》："子路宿于石门。晨门曰:'奚自?'子路曰:'自孔氏。'曰:'是知其不可而为之者与?'"意思是说，子路夜宿石门这个地方，看门人问他："你从哪里来?"子路说："从孔子那里来。"看门人说："是那个明知做不到却还要去做的人吗?"这句话反映出孔子孜孜不倦、永不放弃的执着精神。

据《孟子·公孙丑下》记:孟子去齐，充虞路问曰:"夫子若有不豫色然。前日虞闻诸夫子曰:君子不怨天，不尤人。"曰:"彼一时，此一时也。五百年必有王者兴，其间必有名世者。由周而来，七百有余岁矣，以其数则过矣，以其时考之则可矣。夫天未欲平治天下也，如欲平治天下，当今之世，舍我其谁也。吾何为不豫哉!"这是孟子有一次向齐王宣传自己的"仁政"思想，但未能得到齐王的认可与赏识，于是离开齐国，在路上与弟子充虞的一段对话。充虞问：您好像有些不高兴。以前我曾经听到您讲过，君子从不怨天尤人。您为什么表现出不痛快的样子? 孟子说：原来是原来，现在是现在。观察以往历史的规律，每过五百年，必定会有一位圣明君王出现，

---

① 参见蒙培元:《蒙培元讲孔子》，北京大学出版社2005年版，第2页。

孟子画像

也一定会有杰出的人才出现辅佐圣君。从周迄今已有七百余年，已经超过五百年了，就时事形势看，当下诸侯纷扰不休，战争频仍，生灵涂炭，不得安宁，应该是出现圣贤明君和杰出人才的时候了。只是上天觉得时机未到，还不是天下太平稳定的时候。

如果要使天下太平，面临今天这样的危急时刻，除了我以外，还会有谁能承担起这样的重任呢？我为什么不痛快呢？孟子的意思是：自周到今已有七百余年，作为自己来讲，已经做好了为社稷苍生奉献的准备，勇敢承担治国安民的重任。如果国家需要，赴汤蹈火在所不惜。孟子勇于担当的责任感与使命感与孔子如出一辙，令人感动。这既是一种治国安民的政治理想的体现，更是一种爱国主义的高尚情怀。

（四）心系苍生，济世安民

爱国就希望自己的国家长治久安，政权稳固。而人民的支持与否是政权稳固的关键，所以以什么样的政策与态度对待人民就显得尤为重要。

据《论语》记载，"季氏富于周公，而求也为之聚敛而附益之。子曰：'非吾徒也。小子鸣鼓而攻之，可也。'"鲁国卿大夫季氏比周天子还有钱，作为季氏大管家的冉求，竟然仍为其搜刮老百姓，聚敛财富。孔子看不下去，义正词严地发声：冉求不再是我的学生，你们可以大张旗鼓地去攻击他。可见，孔子唾弃那些与民争利的人，即使是自己的学生也一样。如果贪心不足，赋税过重，就会引起民众反抗，势必自取其辱，受损害的还是国家。

"苛政猛于虎"出自《礼记》，记载孔子及门徒路过泰山脚下，有一个妇人在墓前哭得很悲伤。孔子听到妇人的哭声，让子路前去问询。子路问道：您这样哭，好像连着有了几件伤心事似的。妇人说：是啊，先前我的公公被老虎咬死了，后来我的丈夫又被老虎咬死了，现在我的儿子又死在了老虎口中！孔子问：那为什么不离开这里呢？妇人回答说：这里没有残暴的政令。孔子感叹道：年轻人要记住这件事，残暴的政令比吃人的老虎还要凶猛可怕啊！连续三位亲人被老虎吃掉，却还不愿意离开，只是因为这里没有"苛政"！这真是对统治者苛刻的政令、残暴的统治以及无处不在的苛捐杂税的最愤怒的控诉和入木三分的揭露。"苛政猛于虎"实际上强调了在治理国家和社会时，要以人民的利益和福祉为出发点，推行仁政，关心人民的需求，不能让人民生活在恐惧和不安之中。

孟子将爱民与爱国联系起来，认为得天下在得民心，失天下在失民心，如果想拥有国家，必须获得民众的支持。而要得到民众的支持，就要关心他们爱护他们。要"与百姓同乐"，因为"乐民之乐者，民亦乐其乐；忧民之忧者，民亦忧其忧。乐以天下，忧以天下，然而不王者，未之有也"（《孟子·梁惠王下》）。孟子说："庖有肥肉，厩有肥马，民有饥色，野有饿莩，此率兽而食人也。兽相食，且人恶之；为民父母，行政，不免于率兽而食人，恶在其为民父母也？"（《孟子·梁惠王上》）统治者饫甘餍肥，老百姓却连基本的生活保证都没有，这叫什么父母官呢？进而孟子对梁惠王说："王如施仁政于民，省刑罚，薄税敛，深耕易耨；……仁者无敌。"对人民施行仁政，那么国家就强大无比。鉴于当时统治者不知存恤人民的现实，他豪迈地宣称："如欲平治天下，当今之世，舍我其谁也？"（《孟子·公孙丑下》）意图唤起有志之士强烈的责任心，担当起救国救民、变革社会的重任。"入则无法家拂士，出则无敌国外患者，国恒亡。然后知生于忧患而死于安乐也。"（《孟子·告子下》）把国家的荣辱兴衰系于一身，表现了深沉的爱国之情。

晋国上大夫叔向向晏子请教："'意孰为高？行孰为厚？'对曰：'意莫高于爱民，行莫厚于乐民。'又问曰：'意孰为下？行孰为贱？'对曰：'意莫下于刻民，行莫贱于害身也。'"（《晏子春秋》）意思是说，没有比爱护百姓更高尚的品德，没有比让百姓快乐更宽厚的行为；没有比苛待百姓更低劣的品德，没有比祸害百姓更卑贱的行为。爱民便是爱国，利民便是利国。

执政者要时刻把民众放在心上，维护他们的利益，让他们得到幸福快乐，这是国家长治久安的保证和依托。

总之，齐鲁文化精神中的爱国主义形式是多样的，尤其是那种崇尚气节、杀身成仁、舍生取义的精神，使这种爱国主义显出了几分慷慨与激昂。齐鲁文化的这一爱国主义精神，对于中华民族精神中爱国主义思想的形成，对中国的统一、民族的团结，发挥了非常积极的重要作用。

二、重人入世的人文精神

　　齐鲁文化的主旨是人学，以人为本是齐鲁文化的灵魂和核心。它的各个领域都围绕着"人"这个核心展开，人处于思考的中心位置。可以说，抓住齐鲁文化的人学特质，就能把握其基本内容和思维方法。研究人，研究人与人之间的关系、人与社会的关系、人与自然的关系、人与自我身心的关系，这是齐鲁文化的根本所在。

（一）天地之间，人最为贵

与西方将上帝视为世界最高的主宰不同，齐鲁文化将人置于至高无上的地位。我国古代典籍里面很早就有人为万物之灵的提法，《尚书·泰誓》曰："惟天地万物父母，惟人万物之灵。"儒家文化的创始人及最有代表性人物孔子说："天地之性人为贵"（《孝经》）；"人者，天地之心也"（《礼记·礼运》）；"务民之义，敬鬼神而远之"（《论语·雍也》）。《管子》"霸言"篇则提出："夫霸王之所始也，以人为本。本理则国固，本乱则国危"，这是中国历史上第一次提出"以人为本"理念。荀子明确指出："人有气、有生、有知，亦且有义，故最为天下贵也。"（《荀子集解·王制》）董仲舒论人之为贵说："人受命于天，固超然异于群生。入有父子兄弟之亲，出有君臣上下之谊，会聚相遇，则有耆老长幼之施，粲然有文以相接，欢然有恩以相爱，此人之所以贵也。"（《春秋繁露·天人三策》）。在中国天、地、人三位一体中，人是比天和地更为活跃的因素，人确立了对天的实际优势。与一些宗教文化不同，齐鲁文化不关注向另外神秘的不可知世界的追踪，不重视彼岸世界，不讲来生来世，而是对现实的世俗世界和烟火人生予以特别重视，把人作为考虑问题的出发点和落脚点，由此重人入世成为齐鲁文化的一大特点。对此，梁启超曾说："儒家一切学问，专以研究人之所以为人者为其范围"，"儒家舍人生哲学外无学问，舍人格主义外无人生哲学也。"[1] 冯友兰说:"基督教文化重的是天,讲的是'天学';佛教讲的大部分是人死后的事,如地狱、轮回等,这是'鬼学';中国文化讲的是'人学',注重的是人。"[2] 庞朴说:"假如说希腊人注意人与物的关系,中东地区则注意人与神的关系,而中国是注意人与人的关系,我们的文化的特点是更多地考虑社会问题,非常重视现实的人生。"[3] 因为重人,所以重视人的作为与力量,体现出一种积极入世的精神特质。

 知识链接

　　始作俑者。这是孟子引用孔子的话,出自《孟子·梁惠王上》。"仲尼曰:'始作俑者,其无后乎。'为其象人而用之也。"意思是开始用俑(古代殉葬用的木制或陶制的偶人)殉葬的人,会断子绝孙。因为俑像人形,是对人的不尊不敬。其中蕴含强烈的重人意识,包含着对"人形俑殉葬"会演变成"活人殉葬"的深深忧虑。朱熹评价这句话说:"……孔子恶其不仁,而言其必无后也。"后以"始作俑者"比喻首先做坏事的人。

　　① 梁启超:《饮冰室合集》(九),中华书局 1989 年版,第 69 页。
　　② 《金明馆丛稿二编·冯友兰中国哲学史下册审查报告》,上海古籍出版社 1982 年版,第 140 页。
　　③ 中国文化书院讲演录编委会:《论中国传统文化》,生活·读书·新知三联书店 1988 年版,第 75 页。

重人的文化倾向，可以追溯到周初。夏商两朝，普遍流行的思想是"天命""天讨""天罚"思想，统治者自称是奉天之命统治人间，是"受命于天"。周取代商以后，西周统治者开始思考一个问题，那就是：究竟有没有天命？如果有，那拥有天命的商人为什么败亡？难道要对天命产生怀疑吗？显然周王朝统治者思想还没有达到否定天命、神权的高度，他们需要创造一套新的理论来解释这一问题，于是，"以德配天"思想应运而生。"以德配天"思想的内涵是：天、天命思想不可质疑，人世间的权力，仍然是来自上天，由上天作出选择。但天是至上神，它不属于某一民族，而为天下各族人所共有；而且"天命靡常"(《诗经·大雅·文王》)，"皇天无亲，惟德是辅"(《左传·僖公五年》引《周书》)，就是说，天命并不是固定不变的，它对所选择的人间君主并无特别的亲疏或偏爱，它的标准就是看其是否有德。有德之君，就会得到上天的眷顾与护佑，就会获得天命，即治理人间的权力；反之，人间的君主一旦失去应有的德性，也就会失去上天的保佑和庇护，天命随之消失或转移，新的有德者所领导的新国家、新政权就会取而代之。夏、商王朝之覆灭，就是因为夏桀、商纣等"不敬厥德"(《尚书·召诰》)，导致"上帝不保"(《尚书·多士》)，乃"早坠厥命"，最终分别被商、周所取代。

在中国历史上，"以德配天"理论的提出，是政治理论上的一个巨大的进步。它开始注意到人自身在社会生活中的重要地位和作用，理性之光从宗教迷信的层层包裹中冲决而出。到东周及春秋时期，神与人的地位发生转化，在人们的观念中，人的作用超越于神的作用之上，"民，神之主"（《左传·桓公六年》）和"神，依人而行"（《左传·僖公十九年》），成为一种社会性的共识。

这种特定的文化传统对齐鲁文化产生了深刻影响，从而使齐鲁文化显现为重人而轻神的倾向。这种文化特点，在《论语》中多有体现。子路向孔子问鬼神事，孔子说："未能事人，焉能事鬼！"（《先进》）子路问死事，孔子曰："未知生，焉知死！"（《先进》）"子不语怪、力、乱、神"（《述而》）。孔子并没有明确的言辞否定鬼神的存在，他采取的是敬而远之、存而不论的态度，"祭如在，祭神如神在"（《论语·八佾》）。孔子的这种态度，与其说他重"神"，毋宁说他更看重人的内心情感之虔诚与否。

以人为本，人的主体意识确立起来。《论语》记载："子疾病，子路请祷。子曰：'有诸？'子路对曰：'有之。《诔》曰：祷尔于上下神祇。'子曰：'丘之祷久矣。'"孔子病得很重，子路请求祈祷。孔子说：这种事有效吗？子路回答说：有的。《诔》文中说：为你向天地神灵祈祷。孔子说：我已经祈祷很久了。从上下文意思看，显然孔子并不迷信天地神灵，而是抱着一种无所谓的态度。其实孔子一贯相信人的尊严和仁道的力量，主张"尽人事而听天命"，不相信祈祷天神地祇可以治人之病。

齐人的观念比较开放，也比较自信，对一些虚妄迷信的东西持怀疑态度，宁愿相信依靠人力所为，特别是对统治者来说认为自己的德行比那些神秘莫测的东西更重要。《左传·昭公二十年》记，齐景公生病，长时间不好，梁丘据等人进谗言，建议杀掉祭祀之官，因为他们没有尽到与神鬼沟通的职责。晏子不同意，他说假如祷告有效的话，那诅咒也会发生作用。现在民不聊生，怨声载道，多少人在向上天诅咒国君，"虽其善祝，岂能胜亿兆人之诅？"就算祭祀之官再善于祝祷，又怎么能盖过亿万民众的诅咒！"君若欲诛于祝史，修德而后可"。您与其诛杀祭祀之官，还不如好好修养德行，关爱民众，让他们生活得更好一些。言外之意，君主的安泰与否，取决于自己的作为及与人民的关系，而不是靠什么求神保佑的迷信活动。《左传·昭公二十六年》记：齐国上空出现了彗星，齐景公让人祭祷消灾，晏子不同意，认为没有用。他说："君无秽德，又何禳焉？若德之秽，禳之何损？"就是说如果君主没有不良的、污秽的行为，就用不着害怕；如果君主做了什么见不得人的事，那么祭祷又能减轻什么。晏子说："若德回乱，民将流亡，祝史之为，无能补也。"如果君主德行违背天命而混乱，百姓将要流亡，祝史的所作所为，于事无补。这是强调人之实实在在的作为胜过虚无飘渺的东西。《管子》对鬼神之力与君主自为之力也有独到的看法，他认为如果君主有为有德，则天助之，否则无力可救。《形势解》说："明主之动静得理义，号令顺民心，诛杀当其罪，赏赐当其功，故虽不用牺牲珪璧祷于鬼神，鬼神助之，天地与之，举事而有福。乱主之动作失义理，号令逆民心，诛杀不当其罪，赏赐不当其功，故虽用牺牲珪璧祷于鬼神，鬼神不助，天地不与，举事而有祸。"就是说，假如明主的言行举止合乎理义，号令顺应民心，诛杀与罪行相合，赏赐与功绩相称，即使不用牛羊玉器向鬼神祈祷，鬼神也会相助，天地也会相援，做什么事都能得福佑；昏君的所作所为不合理义，号令违背民心，诛杀与罪行不相当，赏赐与功绩不相称，即使用牛羊玉器向鬼神祈祷，鬼神也不相助，天地也不相援，做什么事都会得祸。这里强调的也是执政者有无好运，治理国家顺畅与否，关键在于自己的所作所为合乎不合乎情理法度，如果胡作非为，连鬼神也不会提供帮助。

（二）凸显人格，维护尊严

以人为本的重要表现是强调人的价值，维护人的尊严，主张人格平等，互相尊重。傅斯年先生指出："春秋时人道主义固以发达。"（《性命古训辨证》）

齐鲁先贤们视尊严重于生命。《孟子·公孙丑下》记："孟子将朝王。王使人来曰：'寡人如就见者也，有寒疾，不可以风；朝，将视朝，不识可使寡人得见乎？'对曰：'不幸而有疾，不能造朝。'明日，出吊于东郭氏。公孙丑曰：'昔者辞以病，今日吊，或者不可乎？'曰：'昔者疾，今日愈，如之何不吊？'"孟子本来要和齐王见面，齐王说自己偶感风寒，不能来了，要孟子过去见他。孟子直接回说自己也得了点病，不能前去。结果第二天孟子就到东郭氏那里去慰问。公孙丑跟孟子说你说自己有病不去见齐王，现在又去慰问东郭氏，这样好吗？
孟子说：昨天有病，今天病好了，为什么不能去慰问呢？孟子
表明了态度就是齐王应该主动来见他。孟子还说："古之贤王
好善而忘势，古之贤士何独不然？乐其道而忘人之势，故王公
不致敬尽礼，则不得亟见之。"（《孟子·尽心上》）就是说，古
代的贤明君王喜欢听取善言，不把自己的权势放在心上。古代
的贤能之士又何尝不是这样呢？乐于自己的学说，不把他人的
权势放在心上。所以，即使是王公贵人，如果不对自己恭敬地
尽到礼数，也不能够和他相见。乐道忘势，体现的是士人的骨
气和节操。孟子曾引曾子的话，"彼以其富，我以吾仁；彼以
其爵，我以吾义。吾何慊乎哉？"（《孟子·公孙丑下》）他有他
的财富，我有我的仁德；他有他的官位，我有我的道义，我有
什么可抱怨的呢？这样一想，也就不用把他人的权势放在心上
了。所以，真正的贤士能够不畏强权，不为五斗米折腰。也因
此，才有"富贵不能淫，贫贱不能移，威武不能屈"的大丈夫
气概。

　　齐鲁先贤们将自己所追求所看重的东西概括为一个"道"
字。孔子说："君子谋道不谋食。耕也，馁在其中矣；学也，禄
在其中矣。君子忧道不忧贫。"（《论语·卫灵公》）"士志于道，
而耻恶衣恶食者，未足与议也。"（《论语·里仁》）为了道，可
以放弃任何物质享受，吃苦受累，奉献付出，在所不惜。柳下
惠贤而不得用，长期遭受压抑，但他不卑不亢，时时刻刻按照
原则行事。他很清楚自己为什么不得志，"直道而事人，焉往

而不三黜?"正直耿介,坚持道义,难免会得罪人,受到压抑是很正常的。但当他居高位,还是一如既往,直道而行,所以孟子称赞他:"不以三公易其介。"(《孟子·尽心上》)即使做了高官也不改变自己操守,始终如一。孟子还称赞柳下惠为"百世之师",说柳下惠"奋乎百世之上,百世之下,闻者莫不兴起也"(《孟子·尽心下》)。孟子为了道,不屈从权势,对君王的权威提出了挑战。他说:"君之视臣如手足,则臣视君如腹心;君之视臣如犬马,则臣视君如国人;君之视臣如土芥,则臣视君如寇仇。"(《孟子·离娄下》)即是说:臣对君的态度取决于君对臣的态度。君首先要将臣当臣,才能得到臣的尊重。对残酷不仁的君主,臣可杀之。《孟子·梁惠王下》记载:齐宣王问他:"臣弑其君,可乎?"孟子说:"贼仁者谓之贼,贼义者谓之残。残贼之人,谓之一夫。闻诛一夫纣矣,未闻弑君也。"在孟子这里,君主不是高高在上、作威作福、掌握生杀予夺大权的君主,而是与臣与民居于同等的地位,而且君主的行为直接决定着人们对他的态度。孟子说:"挟贵而问,挟贤而问,挟长而问,挟有勋劳而问,挟故而问,皆所不答也。"(《孟子·尽心上》)就是说依仗着自己有权势、贤能、年纪大、有功劳、老交情来发问,都可以不作回答,因为这不是基于平等意义上的对话,没有诚意。

为了道,不惜忍受贫穷与寂寞,乃至付出生命。孔子誓言,"三军可夺帅也,匹夫不可夺志也","志士仁人,无求生以害仁,有杀身以成仁",这掷地有声的话语传达出一种为了理想、节操、正义、人格而牺牲自己生命也在所不惜的凛然正气。孟子游齐时，曾不遗余力地向齐宣王宣传自己的政治主张，主要是实施仁政王道，而不是霸道。他苦口婆心地劝说宣王，利用各种可能的方式引导他，但对欲学桓管把称霸作为自己的政治理想而最终达到"莅中国而抚四夷"的齐宣王来说，孟子的理论显然不合胃口。所以宣王佩服孟子，尊重孟子，经常和他讨论，赐他官爵，但就是不采纳他的建议，不运用他的学说。孟子甚感失望，决定离开齐国。宣王希望孟子留下，以豪华的住宅与万钟之粟来挽留孟子，孟子毫不心动，以不做唯利是图的"贱丈夫"予以推辞（《孟子·公孙丑下》）。南怀瑾先生曾这样评价孟子："古今中外，许多被后世认为是多么伟大，能影响千秋万世的人物，在当时，大多数都是那么凄凉寂寞的。就因为他在生前不重视短见的唯利是图，对自己个人，对国家天下事，都是以如此的人品风格来为人处世的。像孟老夫子那样的人，如果当时稍微将就一点，自己降格以求，迁就一点现实，那便不同了。"正因为儒者之出仕做官不是为了富贵，不是为了获得什么物质的利益与好处，心底无私，所以才具有一种睥睨世俗的傲气与自尊，正所谓无欲则刚，无所求则直，自内而外显示出一种潇洒与遗世独立的风骨神采。

🔗 **知识链接** ⋯⋯⋯⋯⋯⋯⋯⋯⋯⋯⋯⋯⋯⋯⋯⋯⋯⋯⋯⋯⋯⋯⋯⋯⋯⋯⋯⋯⋯⋯⋯

我善养吾浩然之气。《孟子·公孙丑上》记载，（公孙丑问曰）："敢问夫子恶乎长？"曰："我知言，我善养吾浩然之气。""敢问何谓浩然之气?"曰:"难言也。其为气也,至大至刚,以直养而无害,则塞于天地之间。其为气也,配义与道;无是,馁也。是集义所生者,非义袭而取之也。行有不慊于心,则馁矣。"何谓浩然之气?孟子认为很难用简短的话语说得清楚,但他还是进行了分析。他说:这种气,最宏大最刚正,必须用坦荡之胸怀去培养它而不加以伤害,就会充满天地之间。这种气必须与仁义与正直相配,否则就会缺乏力量。这种气必须要有经常性的仁义道德蓄养才能生成,而不是靠偶尔的正义行为就能获取。一旦你的行为问心有愧,这种气就会缺乏力量。孟子所言"我善养吾浩然之气"蕴含着一种刚直不阿、磊落坦荡的浩然正气,有了这样一种气,就凛然不可侵犯,勇往直前,不可战胜。

(三)制礼作乐,文采郁郁

制礼作乐是以人为本的重要体现,因为礼乐就是要规范人的行为,营造一种和谐的社会秩序与文化氛围,促进人的道德素质与文明素养的提高。

周公是周朝的开国元勋,是礼乐制度和礼乐文化的总设计师,所以礼又被称为周礼。鲁立国之初,就把这套礼乐几乎原封不动地搬到鲁地。鲁,本是周公的封地,因其留在镐京辅助成王,于是周公的儿子伯禽代其受封鲁国。据《史记·鲁周公世家》载，伯禽受封鲁地，三年后归报周公。周公问："何迟也？"伯禽回答说："变其俗，革其礼，丧三年然后除之。"这是说，伯禽把西周礼乐传到鲁地，并用这套礼乐改造和代替鲁地原有的礼乐。另外，因为周公对周王朝的建立与稳固起了不可替代的作用，作为周公封地的鲁国，被赐予一些特殊的权力，据《礼记·明堂位》记："凡四代之服、器、官，鲁兼用之。是故，鲁，王礼也，天下传之久矣。"《史记·鲁周公世家》也记："鲁有天子礼乐者，以褒周公之德也。"就是鲁国可以用天子之乐祭祀上天和祖庙。当周公去世后，周王室更是特许鲁国"世世祀周公以天子之礼乐"（《史记·鲁周公世家》）。这样，鲁国就成了当时保存周礼最多的国家。此后，周之礼乐在鲁地绵延不绝。平王东迁后，西周的典章文物丧失殆尽，但在鲁却完整地保留下来。《左传》记载，昭公二年，晋国韩宣子聘鲁，从太史氏那里看到所藏的《易》《象》《鲁春秋》等典籍文献后，发出了"周礼尽在鲁矣"的感慨。孔子和孟子都十分推崇周文礼乐，认为它是尧、舜、禹、汤、文、武、周公等历代圣人相传而千古不变之道。照孔子的说法，周礼是历史上一种最为完美、最为理想的文化形态，所谓"郁郁乎文哉，吾从周"（《论语·八佾》）。孔子一生以复兴周礼为己任，其实就是要复兴经过他重新整理和重新解释了的周代礼乐文化。鲁国的读书人也多以知书识礼著称，如《庄子·天下》篇说："其在于诗、书、礼、乐者，邹鲁之士、缙绅先生多能明之。"这种重"文"的倾向，一直延至秦汉之际，据《史记·儒林传》记载，陈涉起义时，"鲁诸儒持孔氏之礼器往归陈王"。刘邦灭掉项羽，"举兵围鲁，鲁中诸儒尚讲诵习礼乐"，这也是鲁重"礼"的一个体现。《论语·雍也》载孔子语："齐一变，至于鲁，鲁一变，至于道。"所谓"道"，即先王之道，指西周的礼乐制度与礼乐文化，孔子认为是治国安邦的最高原则。

礼的含义首先是作为维护社会等级规范和道德规范的有效手段，用以区别尊卑贵贱。强调不同等级不同身份的人都要按照礼所规定的准则行事，所谓"非礼勿视，非礼勿听，非礼勿言，非礼勿动"（《论语·颜渊》）。孔子到齐国游历，齐景公向孔子请教政治的问题，孔子说："君君，臣臣，父父，子子"（《论语·颜渊》），就是说君、臣、父、子都有各自的规范准则，该做什么，不该做什么，都有明确规定，不能僭越，不能违背，否则便是失礼。所以当鲁国的大夫季氏在家里用六十四人奏乐舞蹈——这是天子才能用的，诸侯只能用四十八人的舞队，大夫只能用三十二人的舞队——孔子十分愤怒，他说："是可忍也，孰不可忍也？"（《论语·八佾》）他把违礼视为图谋不轨的表现。

礼的第二个含义是人们日常生活中的道德规范和行为准则，相当于现在的礼仪。言谈举止要符合一些规范，不能轻举妄动，"礼之用，和为贵"，无过无不及，不张狂，不猥琐。待人接物态度恭敬，谦逊礼让，礼的内涵在"敬人"，所谓"礼者，敬人也。"《礼记·曲礼上》记："夫礼者，自卑而尊人，虽负贩者，必有尊也，而况富贵乎？富贵而知好礼，则不骄不淫；贫贱而知好礼，则志不慑。"自谦并尊重别人，无论富贵或贫贱。如果都能做到"礼尚往来"，即"往而不来，非礼也；来而不往，亦非礼也"，那么，每个人就能成为"温良恭俭让"的谦谦君子，四海之内就实现"合敬同爱矣"（《礼记·乐记》）。

因为注重礼乐文化和礼仪文明，齐鲁成为礼仪之邦的代名词。一提起齐鲁，似乎就有一股儒雅之气扑面而来，齐鲁之地的人们也沐浴着一层文质彬彬从容自若的辉光，这是一种精神的气质，是齐鲁文化的整体品格，任岁月更迭，沧海桑田，始终散发着特有的光芒，为后世的人们提供着源源不断的思想资源与精神滋养。

（四）尊贤尚功，唯能是用

齐鲁文化特别重视发挥人才在治理国家中的作用，尊贤尚功、唯能是用是齐鲁文化的亮点之一，这也是以人为本精神的重要体现。

以人才为宝。齐国名相管仲强调人才在治理国家中的重要作用："夫争天下者，必先争人。"（《霸言》）"收天下之豪杰，有天下之骏雄。""人，不可不务也，此天下之极也"。意谓将争夺人才视为得天下的必要前提。墨子有《尚贤》篇，主要论述得贤能之士的极端重要，"尚贤，政之本也。"将争夺人才视为执政与得天下的基础。当时各个诸侯国都有视人才为宝的意识，于是就出现了得一人才而国强的盛况："当是之时，秦用商君，富国强兵；楚、魏用吴起，战胜弱敌；齐威王、宣王用孙子、田忌之徒，而诸侯东面朝齐。"墨子将贤才视为"国家之珍""社稷之佐"，认为如果想让国家增加这样的人才，就应该先"富之、贵之、敬之、誉之"，"然后国之良士亦将可得而众也。"（《墨子·尚贤》）这种人才吸引术是全方位的，既要给他们丰厚的物质条件，让他们富裕；还要给他们地位荣誉使之显贵。

墨子画像

🔗 **知识链接**

以人才为宝。据刘向《新序》记载，秦国想要攻打楚国。秦提出先派人到楚国看一下他们的宝器。楚王听说后，跟令尹昭奚恤商量：我们的和氏璧、随侯珠能不能给他们看？这两样东西是楚国的宝器，从不轻易示人。不料昭奚恤却说："此欲观吾国之得失而图之，国之宝器，在于贤臣，夫珠宝玩好之物，非国所宝之重者。"意谓秦国哪是要看我们的宝器，他们是要探察我们政事的得失，然后有所图谋。一个国家真正的宝贝是贤能之人，什么和氏璧、随侯珠只不过是一些玩物罢了，不是国家的宝贝。于是楚王命令昭奚恤前去接待秦国的使节。

昭奚恤——列举楚所拥有的贤能之士，秦使者听后"惧然无以对"。秦使者回到秦国后，对秦君说："楚多贤臣，未可谋也。"秦国停止伐楚的打算。这真如《诗经》所言，"济济多士，文王以宁"。只有人才济济，国家才能长治久安。

确立正确的价值取向和用人导向。在先秦诸侯国中，齐国在选才、用人方面别具一格、特色鲜明。齐国不但从姜太公开始，就明确提出把"尊贤尚功"作为立国之本，开创了"任人唯贤"的用人路线，率先突破了"亲亲尊尊"的宗法制思维藩篱和世卿世禄的制度。这个基本国策自姜太公始，历经管仲的"三选法"，晏婴推荐田穰苴①等人才，齐威王、齐宣王广听善纳、大兴稷下等继承弘扬，一以贯之，蔚为传统，形成了尊重人才、不拘一格使用人才的风气。齐国进行了大刀阔斧的吏治改革，为人才脱颖而出创造条件。齐威王的吏治改革着眼于营造尽心尽责做事的环境。经过认真的调查，他抓了两个典型，一个是即墨大夫，一个是阿大夫。即墨大夫勤于政务，治理有方，其所治之地，政务清明，社会安宁，田地得到耕种，百姓生活富足；但是因为他不善于巴结逢迎威王周围的近臣而遭诋毁。威王明察秋毫，给予即墨大夫重奖，"封之万家"。阿大夫所治之地，田地荒芜，人民贫苦，疏于防务；但是威王周围的人却都赞美阿大夫。原来阿大夫的心思都用于讨好贿赂威王左

---

① 前文司马穰苴与田穰苴为同一人。

右近臣，所以他们替阿大夫说好话。威王对此痛恨至极，当即下令"烹阿大夫"，并把左右曾经违心吹捧赞誉过他的人一并烹杀。以此为契机，威王又修订法律以督奸吏。通过改革吏治，"齐国震惧，人人不敢饰非，务尽其诚。齐国大治。诸侯闻之，莫敢致兵于齐二十余年"。齐威王对二人的处理体现了鼓励踏实做事的用人原则：对于像即墨大夫这样埋头苦干，将全部心思用在为老百姓做事情，不会蝇营狗苟追名逐利的老实人，不仅不能让他吃亏，而且予以重赏，这样就会形成务实肯干的风气。而对于像阿大夫这样投机取巧、哗众取宠、沽名钓誉的官员，不仅惩罚其本人，而且严惩那些与之沆瀣一气、为之吹喇叭、抬轿子的人，这样势必会遏制那些只会"做人"、不愿做事或只做表面文章，喜欢搞关系托人情的虚浮之风，使善于钻营者失去市场。一个崇尚实干、务尽其诚的风气，对于一个国家发展至关重要。

以优厚的物质条件和政治待遇招揽吸纳人才。为了广收人才，齐相管仲派出游士八十人周游各国，给他们配备车马衣裘和丰厚的财币，为齐国招揽天下贤士。还设立稷下学宫，以优厚的物质待遇招纳各国读书人，为他们提供宽房大屋，免费供应饮食，所谓"为开第康庄之衢，高门大屋，尊宠之"。于是读书人闻风而动，从四面八方汇集而来，盛时多达千人。

对人才充分信任，力求人尽其用。这个时期对人才的管理、使用比较宽松，所以大多数都能人尽其才，建功立业。管子提出要充分发挥人才的积极性和主观能动性，"毋代马走，

山东淄博稷下学宫遗址

使尽其力；毋代鸟飞，使弊其羽翼"。为人才施展才华扫平了道路，搭建起了舞台。不问出身、唯能是用。墨子有言："不党父兄，不偏贵富，不嬖颜色。""不辨贫富、贵贱、远迩、亲疏，贤者举而尚之，不肖者抑而废之。""虽在农与工肆之人，有能则举之，高予之爵，重予之禄，任之以事……"（《墨子·尚贤》）对于有才能的人，不问其出身地位，不分尊卑贵贱，一律加以利用；而且要打通上、下之间的通道，使能者上，庸者下："官无常贵，而民无终贱，有能则举之，无能则下之。"（《墨子·尚贤》）不问出身、唯能是用的用人原则让许多出身卑微、却有真才实学的贤能之士登上政治舞台，像宁戚、司马穰苴、淳于髡、邹忌、孙膑、宁越、苏秦等都是如此。

　　为人才提供尽情挥洒才华的舞台和空间，绝不求全责备。有些能力强的人个性往往强烈而偏执，或多或少地具有某些性格缺陷，作为用人者就要大处着眼，取其优点，不要被一些小缺点小毛病蒙蔽，那样可能会遗失能才。《论语·微子》曾引周公的话："无求备于一人！"管子说："苟大意得，不以小缺为伤。"（《管子·宙合》）即要看大处、长处，勿吹毛求疵。晏子亦言："任人之长，不强其短；任人之工，不强其拙。此任人之大略也。"（《晏子春秋·内篇》）寸有所长，尺有所短；人无完人，不必求全。重要的是相信自己眼光，任人不疑。齐桓公求贤若渴，慧眼识才，听到宁戚敲击牛角，高歌抒怀，便知宁戚非寻常之辈，乃延请他入城，欲聘任他为官。这时，群臣有不同意见，说宁戚是卫国人，卫国离齐国不远，何不派人去卫国打听一下，看此人的品行才能如何？若确有德有才再任用不迟。桓公曰："不然。问之，患其有小恶也，以人之小恶而忘人之大美，此人主之所以失天下之士也。"凡廓达俊杰之才，平时难免不拘小节，也不喜与他人厮混，人缘一定不好。如果因小过而弃大用，那是多大的遗憾。由此可以看出，齐桓公既善于发现人才，又能容纳人才，更善于任用人才，所以才能吸引了管仲、宁戚等一批大才辅佐，成就"九合诸侯，一匡天下"的霸业。

　　春秋战国是中国历史上一个特殊的时代，广袤辽阔的华夏大地似乎是一个巨大的人才交流市场，不同的人怀着建功立业的梦想，四处闯荡，周游列国，寻找着识才的明主，寻觅着能让自己施展才能的舞台与天空，并最终找准自己的最佳位置，建立不朽的功勋，千古扬名。即使在几千年后，这一个时期依然让人生出"虽不能至，然心向往之"的憧憬与追怀。

三、自强不息的刚健精神

　　自强不息、刚健有为是齐鲁文化的鲜明精神风貌，也是齐鲁文化精神的深层次内容。齐鲁文化之所以具有如此强大的生命力，与这样一种精神是密不可分的。这种自强精神从齐鲁文化诞生起，就与之融在一起，表现在齐鲁文化的方方面面。

（一）积极入世，奋发有为

自强不息一词最早出现在先秦时期儒家的经典著作《周易》中，《易传·象传上·乾》云："天行健，君子以自强不息。"孔颖达在《周易·正义·乾卦》中解释道："圣人作《易》本以教人，欲使人法天之用……故圣人当法此自然之象而施人事，亦当应物成务，云为不已，终日乾乾，无时懈倦。所以因天象以教人事。"孔颖达道出了圣人作《易》的目的，就是用自然界的规律比照人世间，用自然运行的特点指导人们的实践与行动。意谓自然界春夏秋冬四时交替，昼夜更迭，岁岁年年，无止无息，任何力量也阻挡不住；作为世间最宝贵的人也应该效法大自然而顽强奋进，自立自强，永远不要停止追求进步的脚步。司马迁有言："文王拘而演《周易》，仲尼厄而作《春秋》，屈原放逐，乃赋《离骚》，左丘失明，厥有《国语》，……《诗》三百篇，大抵圣贤发愤之所为作也。"齐鲁文化的代表人物姜太公、管仲、孔子等，以及以他们为代表的儒、墨、管、兵等家学派，都充满了自强不息、刚健进取的精神。

武王克商，西周王朝建立，便开始大规模封建诸侯。姜太公作为西周王朝的有功之臣被分封到齐国。这里原是商的根据地，商之旧族遗民仍有不臣服之心，加上东方莱族向西扩张，常有冲突与战事爆发，所以文韬武略的姜太公被封于齐，是肩负重任的，这从周武王为姜太公所划定的管辖范围和赋予的权限也可以看得出来。太公管辖的范围是"东至海，西至河，南至穆陵，北至无棣"，他可以"五侯九伯，实得征之"（《史记·齐太公世家》）。但当时的齐地不仅存在着动荡不稳、岌岌可危的严峻形势，而且地处偏远，自然条件非常差，土地贫瘠，盐碱化严重，人口稀少，十分荒凉。要想站稳脚跟，而且做出一番业绩，可谓困难重重。姜太公雄才大略，因地制宜，扬长避短，从客观实际出发，具体问题具体对待，采取"因其俗，简其礼"的执政方略，迅速完成定邦立国的大业。太公不愧为一个伟大的政治家，深谙普通民众心理，具有丰富的政治实践经验。史载这个时期的太公年龄已近古稀，甚至已近百岁，所以他施政从容和缓，灵活变通，不墨守成规，不急于求成，不违背国情，尊重民意，充分考虑到当地民众的心理承受能力，有计划按步骤地引导民众顺着自己的思路走，很快完成开国重任（《史记·齐太公世家》）。

管仲不苟私名，以国家大业为重，奋发图强，辅佐桓公成就霸业。据《管子·大匡》记载，桓公即位伊始，向管仲咨询国家长治久安的方略。管仲根据当时王室衰微、戎狄侵凌、天下大乱的形势，向桓公指出，齐国如不努力图强争霸，就不可能自立，更谈不上安定，只会处于被动挨打的境地甚至被异族灭亡。他说："君霸王，社稷定；君不霸王，社稷不定。"桓公对图强争霸信心不足，欲少安即止。管仲再三力谏，并以辞职作为敦促激励桓公的方法，终于使其接受了图霸战略方针：内修政务，锐意改革，外结诸侯，取信于民等。正是在这种奋发图强精神的鼓舞下，齐国国富兵强，建立霸业。

读《论语》，随处可以感受到孔子所持有的那种文化自信的责任感使命感。对一个人来讲，自信就是对自己有信心，相信自己的力量，相信自己有所作为，为社会作出贡献。对一个国家民族来讲，自信才能焕发出强大的精神力量，才能立于不败之地。自信不是骄傲自满，目中无人，自高自大，而是对自己有一个全面的准确的客观的认识与评价，认为自己有克服困难的勇气、信心与能力，相信自己做得更好。只要有了自信心，就有了战胜困难的勇气与毅力，就能勇敢地面对现实。据《论语·泰伯》记："子畏于匡，曰：'文王既没，文不在兹乎？天之将丧斯文也，后死者不得与于斯文也。天之未丧斯文也，匡人其如予何?!'"孔子被拘禁在匡邑，他说：周文王没世以后，周代的礼乐文化不都在我这里吗？上天假如要灭掉这些文化遗产，那我也无法承继和传播它了；上天如果不欲毁掉这些文化遗产，匡人又能把我怎么样呢？公元前496年，孔子在从卫国到陈国经过匡地时受到围攻，因为匡人曾受到鲁国大夫阳虎的侵扰、掠夺和残杀，而孔子的相貌与阳虎有几分相像，匡人误把孔子认作阳虎，因此将他围困。孔子的自信说明他是以周文化的继承者和传播者自居，有主动担当的责任和意识。危急时刻，以舍我其谁的勇敢精神，当仁不让地承担起这一历史重任。孔子认为自己的任务就是要把这些"文"传承下去，发扬光大，否则"后死者不得与于斯文也"。但有的时候命运不掌握在自己手里，或者说有一些不可抗拒的事情，所以坚定如孔子者也会感叹无可奈何，而归之于天。孔子提出"斯文在兹"，显示出内在的信心与承诺，但"斯文"绝非仅指用来区别尊卑贵贱、维护社会等级的典章制度，更是一种由礼乐教化长期培育而达成的文明样式和生活方式。孔子首先是"斯文"的传承者，同时也是把"斯文"具体落实到世俗生活中的开创者。

正因为有这种"斯文在兹"的自信，所以孔子特别重视收藏、整理、编纂典籍文献，对中国古代历史文化作出重要贡献。鲁国设有"史"的官职，主要负责记录国家所发生的一些重要活动，特别是国君直接参与的活动。同时，国家的重要事情包括对外关系等，史官也都载以史册。由于鲁国史官们恪守史职，使得鲁国历史的记载比其他国家更为详备，中国现存最早的编年体史书《春秋》就是记录鲁国历史的著作。其中孔子在鲁国收藏、整理古籍方面作出重要贡献，他"是在周末官守散失时代，第一个保存文献的人"（朱自清《经典常谈》）。孔子曾经删《诗》《书》，定《礼》《乐》，还根据鲁国史书《春秋》修成《春秋经》，即现存《春秋》一书。与孔子同时的左丘明也是鲁国著名的史官，他最大的贡献是著《左传》一书，是我国古代第一部记事详细、议论精辟的编年史。相传《国语》也为左丘明所著。司马迁在《史记·太史公自序》中说："左丘失明，厥有《国语》。"《国语》一书属国别体史书，主要记载了自西周末年至春秋时期周、鲁、齐、晋、郑、楚、吴、越等八个国家的史事。另外，孔子不遗余力地重视教育与学习。中国古代兴办教育时间很早，传说夏商周三代已设立学校，"夏曰校，殷曰序，周曰庠，学则三代共之"（《孟子·滕文公上》）。但是，这些教育机构都是由官府设立的，谓之"学在官府"，只有贵族子弟才能接受教育。孔子开创私人办学的先河，让一般平民也能够接受教育，这是教育的一次大革新、大进步，为中国文化的繁荣开辟了道路。

🔗 知识链接

"自行束脩以上，吾未尝无诲焉"。孔子说的这一句话出自《论语·述而》，对"自行束脩"之意的理解历来多有歧义。一说，学生拿着十余条干肉来拜师；一说，年龄十五岁以上，自己可以束带修饰；一说，具有一定自省约束能力的人。三种说法虽各有侧重，但体现的都是孔子乐于教人、诲人不倦的精神。

（二）顽强坚韧，知难而进

自强要求在困境和逆境中，知难而进，奋发有为。齐鲁文化呈现出一种不断进取、奋发有为的特质。

齐国的土地资源一直处于相对贫乏的状况，不仅贫乏，而且满是沼泽，土壤盐碱化，所谓"齐地负海舄卤，少五谷而人民寡"（《汉书·地理志下》）。但齐国也有另外的优势，就是三

孔府大门。孔府与孔庙、孔林合称"三孔",1994年被联合国教科文组织列为"世界文化遗产"

面环海、交通便利且鱼盐资源丰富。于是太公扬长避短,从客观实际出发,充分利用已有的条件,发挥自身优势,大力发展捕捞业、煮盐业、纺织业等,这就是《史记·货殖列传》中所说的"太公劝其女功,极技巧,通鱼盐"。工商业的繁荣为齐国带来了大量的财富,弥补了农业的不足,奠定了齐国进一步发展的物质基础。

土地资源贫乏这种状况虽然随着不断的征战吞并别的小国家而得到了一定的改善,但直到桓管改革前并不很乐观。《管子·轻重丁》记载桓管君臣的一段对话说:"管子问于桓公:'敢问齐方于几何里?'桓公曰:'方五百里。'管子曰:'阴雍长城之地,其于齐国三分之一,非谷之所生也。'"可见齐国国土面积虽然不少，但可用于耕种的土地很少。有鉴于此，齐国统治者对土地的重要性有清醒的认识。《管子·水地》篇说："地者，万物之本原、诸生之根菀也。"《形势解》说："天生四时，地生万财，以养万物而无取焉。"《权修》云："地之守在城，城之守在兵，兵之守在人，人之守在粟。故地不辟，则城不固。"进而他们认为土地是人民富裕、国家强盛的主要来源之一。《霸言》云："无土而欲富者，忧。"离开了土地，人民、国家想富裕那是不现实的；但土地不会自己产生财富，必须经过人民辛勤劳作才能转化为财富。《治国》云："田垦，则粟多。粟多，则国富。"《八观》云："彼民非谷不食，谷非地不生，地非民不动，民非作力毋以致财。"将土地置于基础性的地位上。加强对土地的开垦与利用，除了生产足够的粮食之外，还多种经营，增加财富。广植草木，发展畜牧业；种植桑麻，发展纺织业。《五辅》篇记："务五谷，则食足；养桑麻，育六畜，则民富。"齐国是我国第一个丝织业中心，生产的丝织品品种多，质地高档，花色漂亮，不仅供应本国使用，还大量输出，或作为礼物馈赠别的诸侯国。

重视发展工商业。重视工商业是齐国的传统，有着源远流长的历史。《史记·齐太公世家》记："桓公既得管仲，与鲍叔、隰朋、高傒修齐国政，设轻重鱼盐之利。"管仲是将工商与士农并列而提的第一人。顾炎武《日知录·士何事》条记："士、农、工、商谓之四民，其说始于《管子》。"他将士农工商置于同等重要的地位，都为"国之石民"。在《管子》一书中，有大量的有关发展手工业增加财富的论述，显现出浓郁的商品经济意识。发展市场，促进商品流通。《管子·乘马》篇说："市者，货之准也。是故百货贱，则百利不得；百利不得，则百事治；百事治，则百用节矣。是故事者生于虑，成于务，失于傲。不虑则不生，不务则不成，不傲则不失。故曰市者可以知治乱，可以知多寡，而不能为多寡。"又说："无市则民乏。"将市场视为商品流通与调节余缺的主要场所。桓管时期，齐国的市场已形成一定的规模，设有专门的商人之乡；到战国时，齐国的市场发展更加迅速，不论是大都市还是小城镇都普遍设市，而且物品丰富，市场繁华，既方便了生活，又促进了城市的发展，为国家带来大批财富。

　　儒家文化的创始人孔子是一个积极入世者，对社会有着强烈的责任感使命感，有着热心救世、坚韧不拔的积极进取精神。对他最好的概括就是当时有人指出的"知其不可而为之者"（《论语·宪问》）。全文如下：子路宿于石门，晨门曰："奚自？"子路曰："自孔氏。"曰："是知其不可而为之者与？"这"晨门"到底是什么人，说不清楚，也许是个隐者。对此，后人多有称扬，如明人张居正《论语别裁》评价道："……圣人道高德大，视天下无不可为之时。"近代胡适大加赞扬："'知其不可而为之'七个字写出一个孳孳恳恳终身不倦的志士。"胡适还说："儒家的特别色彩就是想得君行道，想治理国家。孔子的栖栖皇皇，'知其不可而为之'，便是这种积极精神。"胡适称"知其不可而为之"是人生的"积极精神"。当代哲学家李泽厚则称

"知其不可而为之"，是"儒学骨干"，"可称悲壮"。这真是一种锲而不舍、不计成败、不计得失、勇敢执着的可贵精神，有了这样一种精神，一个人、一个国家、一个民族永远打不败击不垮，它构成了伟大中华民族精神的重要内容之一。

在这种精神指引下，孔子迫切想将自己所学的知识用于治理国家，作出贡献。子贡问孔子："有美玉于斯，韫椟而藏诸？求善贾而沽诸？"孔子回答："沽之哉！沽之哉！我待贾者也！"（《论语·子罕》）他不想将自己才华如美玉一般藏之箱盒自我欣赏，他希望发挥更大作用。但却不遇明主，抱负无由施展，理想志向得不到实现。本人无用武之地，便带领弟子们周游列国，到处遭遇冷眼和奚落，狼狈的样子被人讥为"丧家之犬"。但他从不灰心失意，颓废消沉。他对劝阻的人说："天下有道，丘不与易也！"（《论语·微子》）之所以不辞辛苦地周游列国，就是因为天下混乱，如果天下太平了，也就用不着想方设法去改变世道了。正说明孔子不能忘怀世事，他心里放不下这个纷纷扰扰的社会，他还想贡献自己的一份力量。他对自己的能力充满了自信。他说："苟有用我者，期月而已可也，三年有成。"（《论语·子路》）这简直就是大张旗鼓地自我推销。而只要有机会，他就全力以赴，力求将事情做得完美无缺。他在二十六七岁就担任过一些小官职，如"乘田""委吏"，替人家管理牛羊，管管账目，牛羊长得又肥又壮，账目也清清楚楚，一点差错也没有（《孟子·万章下》）。在他五十多岁的时候，担任了鲁国的中都宰，相当于现在的首都市长。一年就很有成绩，周边诸侯国都想到鲁国来取经，学习孔子的治理方法。于是孔子由中都宰升为司寇，也就是司法长官。但这样的机会对孔子来说不是很多，因为当时的统治者急功近利，好大喜功，追求的是立竿见影的效果，孔子的仁政学说相对来说追求长远的利益，在统治者眼里显得迂阔而不实用。他们欣赏孔子的人品学问但却不想真正运用它，所以孔子经常处于一种寻寻觅觅、栖栖惶惶的状态。他曾形象地说自己"吾岂匏瓜也哉？焉能系而不食？"（《论语·阳货》）颇有怀才不遇之感。但他并不因此就颓废消沉，一蹶不振。他跟人说："道之不行，已知之矣。"他的弟子们忠诚不二地追随着他，饱受冷落贫穷。有的时候也难免忍受不了那种漂泊无依饥寒交迫的生活而生出怀疑与抱怨。据《史记·孔子世家》记，孔子及其一干弟子被困陈蔡之间，断绝了粮食，有的人病倒，但"孔子讲诵弦歌不衰。"子路、子贡等脸上都露出不高兴的神色。孔子就一一做他们思想工作。针对子路、子贡提出的怀疑自己仁德不够、智慧不够和理想太高是否将理想降低一些的问题，孔子回答说："由，譬使仁者而必信，安有伯夷、叔齐？使知者而必行，安有王子比干？……赐，良农能稼而不能为穑；良工能巧而不能为顺；君子能修其道，纲而纪之，统而理之，而不能为容，今尔不修尔道而求为容。赐，而志不远矣！"孔子的大意是说：有仁德、有智慧不见得就能被重用，因为有许多外在的客观条件限制，也许不合乎当政者需求。当政者有接受与否的自由，我们不能强迫对方；但不能由此就放松了对自己的要求，更不能萎靡不振。应该不断地加强修养，充实自己的学说，等待实现的那一天。《荀子·宥坐》也有类似的记载。"孔子南适楚，厄于陈、蔡之间，七日不火食，藜羹不糁，弟子皆有饥色。子路进而问曰：'由闻之：为善者，天报之以福；为不善者，天报之以祸。今夫子累德、积义、怀美，行之日久矣，奚居之隐也？'孔子曰：'由不识，吾语女。女以知者为必用邪？王子比干不见剖心乎！女以忠者为必用邪？关龙逢不见刑乎！女以谏者为必用邪？吴子胥不磔姑苏东门外乎！夫遇不遇者，时也；贤不肖者，材也；君子博学深谋不遇时者多矣！由是观之，不遇世者众矣！何独丘也哉？且夫芷兰生于深林，非以无人而不芳。君子之学，非为通也，为穷而不困，忧而意不衰也，知祸福终始而心不惑也。夫贤不肖者，材也；为不为者，人也；遇不遇者，时也；死生者，命也。今有其人不遇其时，虽贤，其能行乎？苟遇其时，何难之有？故君子博学、深谋、修身、端行以俟其时。'"孔子的意思是说，智者、忠者、贤者不见得都被重用，这有一个机遇问题，用不着怨天尤人，正像芝兰生长在深山老林之中，并不因为无人欣赏而不吐露芬芳；君子学习，并非只是为了显贵，也是为了在不得志的时候不困窘，在忧患的时候意志不消沉，懂得祸福死生的道理而心里不迷惑……所以君子广博地学习、深入地谋划、修养身心、端正品行来等待时机。

孔子从政之路行不通，便转而开办学校教授学生，在他门下出现一大批出色的人才；同时他投入大量精力整理古籍，为中华民族文化留下了宝贵的精神财富。时刻准备着，不消极、不颓废、不放弃、不抱怨，此乃君子本色！孔子的这一积极进取勇往直前的风格品行向来为人所称道，成为中华民族一笔宝贵的精神财富，是中华民族自强不息的精神象征，激励着历朝历代的有志之士为着美好的理想而不懈努力与顽强奋进。

 知识链接

孔子宰中都。公元前501年，孔子时年51岁，被鲁定公任命为中都宰。中都，即今山东省济宁市汶上县；中都宰或宰中都，即做中都的地方长官。孔子上任一年，行教化，劝农耕，取得了很好的成效，百姓安居乐业，路不拾遗，夜不闭户。这样的制度施行一年之后，西方各诸侯国都纷纷效法，就是《孔子家语》所记载的，"行之一年，而西方之诸侯则焉"。

（三）愈挫愈勇，矢志不渝

自强要求自坚。自坚就是要有坚强的意志，知难而进，一往无前，锲而不舍，不达目的誓不罢休。齐鲁历史上有许多英雄人物，他们历经磨难而不衰，饱尝艰辛而不屈，千锤百炼而愈加坚强，充分表现了顽强不屈、自强不息的民族精神。"昔西伯拘羑里，演《周易》；孔子厄陈蔡，作《春秋》；屈原放逐，著《离骚》；左丘失明，厥有《国语》；孙子膑脚，而论《兵法》；不韦迁蜀，世传《吕览》；韩非囚秦，《说难》《孤愤》；《诗》

三百篇，大抵贤圣发愤之所为作也。"(《史记·太史公自序》)越是困难的时候，越是不坠青云之志，越能矢志不渝、坚韧不拔；越是身处逆境，越能考验一个人的意志品质。"宝剑锋从磨砺出，梅花香自苦寒来"，要想取得成功，成就一番事业，必须经得起磨难。孟子说："天将降大任于是人也，必先苦其心志，劳其筋骨，饿其体肤，空乏其身，行拂乱其所为，所以动心忍性，曾益其所不能。"张载曰："为天地立心，为生民立命，为往圣继绝学，为万世开太平。"(《张子语录》)千载之下，依旧振聋发聩。只有把自己奉献给人类社会，自觉担负起平治天下的责任，才显示出生命价值的崇高与伟大。人生在世，要想没有困难和挫折，那是不可能的，而且你越往更高的目标奋进，遇到的困难与阻力就会越大。困难并不可怕，可怕的是一遇困难就松劲，就懈怠，就退缩，就让步，如果半途而废，就永远不会有成功的那一天。王安石《游褒禅山记》里说："世之奇伟、瑰怪、非常之观，常在于险远，而人之所罕至焉，故非有志者不能至也。"随便放弃就永远不可能到达顶峰，永远不可能欣赏到奇伟瑰怪的风光。只要有坚强的意志，有坚韧的毅力，有克服困难、坚持到底的决心，就能取得最终的成功。这种精神具有强烈的感召力，激励着历朝历代的有志之士积极进取、干事创业。

 知识链接 ·······

生于忧患，死于安乐。语出《孟子·告子下》："舜发于畎亩之中，傅说举于版筑之间，胶鬲举于鱼盐之中，管夷吾举于士，孙叔敖举于海，百里奚举于市。故天将降大任于是人也，必先苦其心志，劳其筋骨，饿其体肤，空乏其身，行拂乱其所为，所以动心忍性，曾益其所不能。人恒过，然后能改；困于心，衡于虑，而后作；征于色，发于声，而后喻。入则无法家拂士，出则无敌国外患者，国恒亡。然后知生于忧患而死于安乐也。"意思是说：舜从田间被举荐出来，傅说原本是筑城的奴隶，胶鬲曾是贩卖鱼盐的商人，管仲从监狱中被解救出来，孙叔敖曾隐居海滨，百里奚是从奴隶市场中被举用。所以，上天要让某个人担当重任，一定会让他的内心遭受痛苦，使他的身体劳乏，忍饥挨饿，甚至穷途末路，诸事不顺。这样一来，他的心灵受到震撼，他的性格变得坚强，才干得到提升。一个人常常犯错误，才能改正错误；内心有困扰，百思不通但也不放弃，才能奋发有为；时刻显露焦虑的神色，发出忧叹的声音，然后才慢慢明白其中的道理。如果国内没有坚持法度的大臣和辅佐君主的贤士，在国外又没有势均力敌、足以构成威胁的国家，这样的国家常常会灭亡。因此知道忧虑祸患能使人（或国家）生存发展，而安逸享乐会使人（或国家）走向灭亡。

《孙膑兵法》的作者孙膑是《孙子兵法》作者、兵圣孙武的后人，其活动时期大体与商鞅、孟轲同，正值齐国历史上威王、宣王统治时。孙膑原名孙伯灵，生于"阿、鄄之间"，即今天山东菏泽的阳谷、鄄城一带。史载孙膑曾与庞涓一起，拜鬼谷子为师学习兵法。庞涓心胸狭窄，狂妄自大，对才华远在自己之上的孙膑嫉恨在心，总想除之而后快。当庞涓被魏惠王拜为大将后，他花言巧语将孙膑召至魏国，挑唆魏惠王将孙膑处以"膑"刑（古代挖去膝盖骨的一种残忍刑罚）和黥刑（脸上被刺字），这也是孙膑之名的由来。孙膑装疯，使魏国人放松了对他的看管，后被齐国使者偷偷救回齐国。虽然孙膑身体残疾，但他没有自暴自弃，先是通过"田忌赛马"展示了自己的智慧，赢得齐威王欣赏，拜为师。然后谋划指挥了赫赫有名的齐魏桂陵之战和马陵之战，大败庞涓，得以报仇，其中的"围魏救赵"和"增兵减灶"被津津乐道。自此魏国国力大亏，一蹶不振；齐国则"最强于诸侯"。除了名留青史的经典战役之外，孙膑还为后世留下了与《孙子兵法》齐名的不朽军事名作《孙膑兵法》。《孙膑兵法》又称《齐孙子》，班固《汉书·艺文志》将之列入"兵权谋家"。由于这部书在历史上很长时间不见踪影，《隋书·经籍志》亦不见著录，因此学术界对两个"孙子"的关系产生过质疑和误解，甚至有人怀疑该书是否真的存在过。直到1972年4月，在山东临沂银雀山汉墓中同时出土了《孙子兵法》与《孙膑兵法》的竹书残简，这个问题才真相大白，也彻底解决了这一千年谜团，澄清了许多是非和争议。《孙膑兵法》全面继承发展了孙子的军事思想，总结了战国时期的实战经验，围绕战争的性质作用、军队建设及战术原则等做了一系列深入探讨，提出了许多有价值的思想主张。比如，提出"穷兵者亡"，即穷兵黩武者会走向灭亡；强调"富国"

乃"强兵之急";主张严格治军,"令不行,众不一,可败也",即号令不能得到贯彻执行,士卒不能同心协力,会遭到失败;认为战争胜利的关键是"达于道",就是重视战争规律、作战方法,根据具体情况,采用灵活机动的战术,才能克敌制胜;等等。以上军事思想是《孙膑兵法》在继承前人军事思想基础上,又有所发展与创新,极大丰富了我国传统兵学理论,对研究中国传统军事思想有极其重要的参考价值。

(四) 千锤百炼,永不放弃

自强要求坚持不懈、永不放弃的坚韧精神。"不息"是对自强的进一步要求,永远坚强,永远不屈,永远自立,坚持到底。立志养气不是一时一事,而是贵在"不息"地坚守,持之终身。朱熹曾说:"闻道有蚤莫,行道有难易,然能自强不息,则其至一也。"(《四书章句集注·中庸》)只有坚持不懈永不放弃才能取得最终胜利。孔子一生仕途不顺,周游列国却不得重用,但他并不消沉落寞,而是积极投身其他事业,最大可能地燃烧自己,发出光和热。孔子不仅自己"发愤忘食,乐以忘忧,不知老之将至"(《论语·述而》),而且督促激励他的弟子们追求不止,奋进不已,直到生命的最后一刻。据《荀子·大略》记载,孔子曾和他的弟子子贡探讨人生有无止境的问题。子贡对孔子说:我对学习感到厌倦了,想去侍奉君主,借以休息一下。孔子说:侍奉君主,早晚毕恭毕敬,小心又谨慎,怎么可以得到休息？子贡又说：回家侍奉父母，应该会轻松一些。孔子说：孝子对父母时时刻刻都要恭敬孝顺，小心伺候，怎么会轻松？子贡又说：回到妻子儿女身边休息一下，孔子说：丈夫要先给妻子做榜样，然后影响到兄弟，以此治理家和邦，和妻子儿女在一起不容易，怎么可以休息？子贡又说到朋友那里或回家种地借此休息，孔子还是举出种种理由予以否定。最后子贡问："然则赐无息乎？"孔子曰："望其圹，皋如也，巅如也，鬲如也，此则知其息矣。"你看坟墓那又高又大又圆的样子，就知道该休息了。就是说，人永远不能停下前进的脚步，只要一息尚存，就要劳作、努力、奉献、服务，直至生命的最后一刻。曾子曰："士不可以不弘毅，任重而道远。仁以为己任，不亦重乎？死而后已，不亦远乎？"春蚕到死丝方尽，蜡炬成灰泪始干，鞠躬尽瘁，死而后已。以孔子为代表的儒家思想这一积极进取勇往直前的风格品行向来为人所称道，已成为中华民族自强不息的精神象征。

四、厚德载物的仁爱精神

《易传》曰："地势坤，君子以厚德载物。"意谓君子应像大地那样具有宽厚包容的品格。在齐鲁文化精神中，包含着丰富的厚德载物的仁爱精神，这种精神成为中华民族精神的重要内容，几千年来影响着中华民族的性格特质。

（一）和谐其家，万事皆兴

齐鲁文化之仁爱精神首先体现为对血缘亲情的重视，将对亲人的爱视为仁的逻辑起点。如果一个人对与自己有血缘关系的亲人都没有感情，没有发自肺腑的全身心的爱，那么就可以基本断定这个人对其他人更不会有真爱。

齐鲁文化在家庭道德方面提出了五种教化，即父亲道义，母亲慈爱，哥哥友爱，弟弟恭敬，儿子孝顺。这里的五教，包括家庭生活中的父子、夫妇、长幼三对关系。后来，孟子把人际关系概括为五种，即"父子有亲，君臣有义，夫妇有别，长幼有序，朋友有信"（《孟子·滕文公上》）。就是说，父子有骨肉之亲，君臣讲礼义之道，夫妇挚爱而有男女之别，长幼有主次尊卑之序，朋友有诚信之德。作为家庭关系来讲主要是处理好父子、夫妇、长幼三对关系。

一要父慈子孝。父母要爱自己的子女，子女要孝敬自己的父母。父母爱自己的子女，重点是教育培养子女，以身示范，使之成为对社会有用的人。父母是孩子的第一任老师，他们的道德修养与行为方式直接影响着孩子们的心灵和行为，家庭是所有人的起点，而且永无终点。孟子曰："人有恒言，皆曰'天下国家'。天下之本在国，国之本在家，家之本在身。"（《孟子·离娄上》）家庭的初始教育对于一个人成长发挥着至关重要的作用，能否形成优秀的品格和正确的人生观、价值观，很大程度上取决于家庭的教育。孩子从父母言传身教得来的东西再传承下去，文化才得以代代相承，辈辈相传。"忠厚传家久，诗书继世长"所蕴含的就是传统文化在家庭中的传承。钱穆曾说："家族是中国文化最主要的柱石，我们几乎可以说，中国文化全部都从家族观念上筑起，先有家族观念乃有人道观念，先有人道观念乃有其他的一切。"①

　　子女要孝敬父母。以孔子为代表的儒家文化把孝悌视为为人之本，《论语》开篇第二章引了孔子弟子有子的话："孝弟也者，其为仁之本与！"将孝作为评价人之道德的最基本的出发点。孟子以"亲亲"定义"仁"："亲亲，仁也。"（《孟子·尽心上》）他还说："未有仁而遗其亲者"（《孟子·梁惠王上》），将对父母之孝、对兄弟姐妹之爱视为先天即有不学而能的"良能""良知"。他说："孩提之童无不知爱其亲者，及其长也，无不知敬其兄也。"他还说："于所厚者薄，无所不薄也"（《孟子·尽心上》）。连对自己家人的感情都谈不上，那么还能爱什么人？他将"父母俱存，兄弟无故"视为君子三乐之一（《孟子·尽心下》）。子女对父母的孝重点是要有敬承之心。孔子在《论语》中提出了关于孝的道德规范："孟懿子问孝。子曰：无违。樊迟御，子告之曰：孟孙问孝于我。我对曰：无违。樊迟曰：何谓也？子曰：生，事之以礼；死，葬之以礼，祭之以礼。"（《论语·为政》）儒家文化的深刻在于它不是一般地要求

---

① 钱穆：《中国文化史导论》，商务印书馆 2003 年版，第 51 页。

子女满足父母的吃穿、仅仅从物质上赡养父母就行了，而是要求从内心中尊敬他们，体贴他们，理解他们，从心灵上给他们以安慰，精神上给他们以慰藉。孔子说："今之孝者，是谓能养。至于犬马，皆能有养。不敬，何以别乎！"（《论语·为政》）对父母只是养而没有爱心，没有敬，就不是真孝。孟子也说："食而弗爱，豕交之也；爱而不敬，兽畜之也。"（《孟子·尽心下》）此语同孔子如出一辙。孔子还说："父母之年，不可不知也。一则以喜，一则以惧。"即是说做儿女的应该清楚父母的年龄，一方面对父母高龄长寿感到高兴，另一方面又对父母年事已高心存恐惧，害怕他们离去，所以应时刻记着父母的年龄，为他们尽孝心。子女之孝要不辜负父母的教诲和希望，继承父母的志向，将父母的事业发扬光大，为社会作出贡献。《孝经》说："立身扬名，以显父母，孝之终也。"这是一种高层次的孝。

值得注意的是，儒家文化推崇孝道，却没有将之绝对化、极端化，后世推衍出的什么"君叫臣死，臣不死，臣为不忠；父叫子亡，子不亡，子为不孝"，"父为子纲"，还有什么"郭巨埋儿""卧冰求鲤"等可怕的"孝行"，都是对儒家文化孝道的歪曲。孔子认为做儿女的不见得要无条件服从父母，而是看父母有没有道理，如果是无理要求也可以不服从。他认为，国有诤臣，则封疆不削，社稷不危；士有诤友，不为无义；父有诤子，不行无礼。所以他说："故子从父，奚子孝？臣从君，奚臣贞？审其所以从之之谓孝，之谓贞也。"（《荀子·子道》）

一味地盲从父辈，或无原则地顺从长辈的意图，置大是大非、大义大理于不顾，单纯为了成就孝名，而不是提出建设性意见，这不是正确的做法。自古忠孝不能两全，尽忠与行孝之间经常发生冲突，孔子认为首先应该完成国家赋予的使命，然后才谈孝悌。"子贡问曰：何如斯可谓之士矣？子曰：行己有耻，使于四方，不辱君命，可谓士矣。曰：敢问其次。曰：宗族称孝焉，乡党称弟焉。"（《论语·子路》）他将成就孝悌之名置于"不辱君命"之后。

🔗 知识链接 ....

　　孝哉！闵子骞。闵子骞（前536年—前487年），名损，字子骞，孔子弟子，春秋时期鲁国人，有孝名。孔子曾赞扬说："孝哉！闵子骞，人不间于其父母昆弟之言。"后人把他列入二十四孝之中。闵子骞很小的时候，生母就去世了，父亲再娶，又生了两个儿子。后母偏心，待他不好。寒冬腊月，她给两个亲生儿子穿用棉絮做的又暖又厚的棉衣，给闵子骞穿的棉衣看上去虽也鼓鼓囊囊很厚实，里面却不是棉絮，而是并不能保暖的芦花。聪明的闵子骞心里明白是怎么回事，却无半句怨言，依然侍母以孝。一个寒风刺骨的日子，父亲有事外出，闵子骞赶车，冻得发抖，连缰绳都抓不住，掉在了地上。父亲怨他无用，用鞭子抽他，将棉衣抽破露出里面的芦花，父亲才知道了事情真相，勃然大怒，发誓要休了那个偏心的女人。闵子骞跪地替母求情，说了两句让人落泪的话："母在一子单，母去三子寒。"这样的话，任铁石心肠的人听了也会动容。果然，继母自此以后悔悟，待闵子骞和自己的亲生儿子一样好。

二要夫妻恩爱。齐鲁文化认为夫妻关系乃人伦之始、风化之原，有夫妻然后才有父子兄弟，夫妻之间要相敬如宾。《易传·序卦》说："有天地然后有万物，有万物然后有男女，有男女然后有夫妇，有夫妇然后有父子，有父子然后有君臣，有君臣然后有上下，有上下然后礼义有所错（措）。"将夫妻关系视为整个社会伦理的基石。为什么如此重视夫妻关系？因为夫妻关系是否稳固，不仅关系到彼此的终身幸福、关系到双方父母的赡养以及子女的教育和身心健康，也关系到家族乃至整个社会的安定与发展。夫妻之间互敬互爱，家庭才能兴盛，才能做到老有所养、幼有所教，社会才能安定团结，长治久安。《中庸》说："君子之道，造端乎夫妇。及其至也，察乎天地。"夫妻之间互敬互爱，就会礼敬地对待他人；夫妻关系处理得好，其他家庭关系和社会关系也不在话下。孟子主张夫妻之间相互爱慕而又有男女区别，一方面妻子要敬慕丈夫，尽量不要违背丈夫；另一方面，丈夫要疼爱妻子，还要端正自己的言行给妻子做榜样。孟子引用《诗经》的话说："刑于寡妻，至于兄弟，以御于家邦。"（《孟子·公孙丑下》）即是说，丈夫要为妻子做出榜样，再推及到兄弟身上，进而扩大到封邑和国家，齐家之道与治国平天下之道息息相通。《诗经》中说："执子之手，与子偕老。"夫妻双方自步入婚姻殿堂的那一刻起，就成为休戚相关、荣辱与共的一家人。想要幸福美满地走完一生，丈夫对妻子要有情有义，妻子对丈夫要温柔体贴，即所谓"夫义妇听"，互敬互爱，互成其美。

晏子有"老妻如宝"的美谈。春秋时期齐国名相晏婴不仅是一个时刻将国家利益挂在心上、能言善辩、清廉自守之人，而且他品德高尚、心胸坦荡、重情重义，对自己的结发妻子倾心相待，不离不弃。据《晏子春秋》记载，齐景公有一个女儿，他想把她嫁给晏子。于是景公亲自到晏子家喝酒，见到晏子的妻子，景公明知故问："此子之内子耶？"晏子说是的。公曰："嘻！亦老且恶矣。寡人有女少且姣，请以满夫子之宫。"就是说你的妻子又老又丑，我有一个女儿既年轻又漂亮，把她嫁给你吧。对一般人来讲，这是求之不得的好事，国君要把自己的宝贝女儿下嫁给一个大臣，晏子就成为国君的乘龙快婿了。可晏子一点没有受宠若惊之感，而是离开坐席恭恭敬敬地说："乃此则老且恶，婴与之居故矣，故及其少且姣也。且人固以壮托乎老，姣托乎恶，彼尝托，而婴受之矣。君虽有赐，可以使婴倍其托乎？"就是说，我的妻子确实老且丑了，但我与她一起生活很久了，她也有年轻貌美的时候啊；况且人年轻时就寄寓着衰老，美貌时就寄寓着丑陋，她将终身托付于我，而我也接受了她的托付，不能因为君王的恩赐就背弃她的托付啊！这一番道理讲得景公哑口无言，不再坚持。还有一次，晏子的一位同僚田无宇看见晏子的妻子，头发花白，穿着黑布缝制的衣服却没有里子，于是语带讥讽地问晏子："出于室为何者也？"从你屋里出来的是谁啊？晏子坦坦然然地说："婴之家也。"是我妻子。田无宇表示很惊讶，说晏子官至中卿，地位显贵，田赋收入七十万，怎么还要这么一个又老又丑的女人作妻子。晏子不急不慌地说："去老者，谓之乱；纳少者，谓之淫。"并表示自己不做违背道德的勾当。晏子的几句话，将田无宇驳得面红耳赤，无地自容，只好败兴的离去。

在夫妻关系的处理方面，往往最能看出一个人的道德品行。夫妻之间，首先应当相互尊重、相互体谅。晏子并没有因为自己的妻子年老色衰而嫌弃她，始终如一地对待自己的妻子。即使身居高位，晏子也能抵制住各种考验。从这些言行事迹中我们可以看出，晏子是一个能抵住各种诱惑，对自己的妻子能恪守当时的承诺，始终不离不弃的人。

三要兄友弟恭。兄弟关系是齐鲁文化道德伦理中极为重要的一项内容。孔子认为，孝悌是儒家最高道德规范——"仁"的根本，《论语·学而篇》记载了孔子对孝悌的论述："君子务本，本立而道生。孝弟（悌）也者，其为仁之本与！"而孔子所说的孝悌中的悌，指的就是兄弟关系。悌在古文中通常也写作"弟"，其含义是"兄友弟恭"。而在传统社会中，"兄弟"二字是统合兄弟姐妹而言的，因此，悌的含义也随之扩大化，不仅包括弟弟妹妹对哥哥姐姐的尊重、敬爱，也包括哥哥姐姐对弟弟妹妹的爱护、关心，是一种双向互动的伦理关系。

《颜氏家训·兄弟篇》道出了兄弟之间应当相互亲爱的原

因："兄弟者，分形连气之人也。方其幼也，父母左提右挈，前襟后裾，食则同案，衣则传服，学则连业，游则共方，虽有悖乱之人，不能不相爱也。"《千字文》中有言，"孔怀兄弟，同气连枝"，兄弟姐妹之间，有着相同的血脉传承，虽然形体有别，但气息相通，况且从小到大，衣食住行都在一处，相守相伴，共同成长，自然亲爱无比。在传统观念当中，兄弟之情与父子之亲一样，都是最值得珍视的血缘亲情。

孔子曰："《书》云：'孝乎惟孝，友于兄弟，施于有政。'是亦为政，奚其为为政？"意思是说，孝顺父母，友爱兄弟，把这种风气影响到政治上，就是参与了政治，不一定非要做官才算得上是参与政治。孟子认为长幼之间要有一定秩序，年长的人要慈爱年幼的人，幼者要尊重侍奉长者。兄弟同心，其利断金。兄弟姐妹之间的手足之情，源自血浓于水的真情实感，建立在共同经历、携手成长的家庭环境当中，血脉相连，心意相通，只要能够做到和睦融洽、同心同德、相互扶持，就可以形成强大的凝聚力，从而战胜困难，引领整个家族走向兴旺昌盛。

但是，儒家讲孝悌，绝不是无原则地溺爱、偏爱一些人，甚至是容忍恶行、姑息养奸；而是要坚持原则。孔子说："唯仁者能好人，能恶人。"（《论语·里仁》）"君子之爱人也以德，细人之爱人也以姑息"（《礼记·檀弓上》）。爱，要符合道德标准，要旗帜鲜明，肯定人之品性及其行为中的那些正面价值，而不能容忍那些负面的消极的价值；要为子女的长远考虑，培养他们成为对社会有价值的人；要与社会上一切不道德的现象作斗争，而不是做随波逐流的老好人。孔子痛恨那种不辨是非、两面三刀赚好人的人，称之为"乡愿"，是"德之贼"。爱人的目的是建立健康和谐的人际关系，而不是追求无原则的一团和气。爱憎分明，是儒家仁爱的一个显著特点。

除了处理好父子、夫妇、长幼三对关系之外，齐鲁文化特别重视勤俭持家与诗礼传家。勤就是积极劳作，刻苦耕耘，通过自己的劳动创造财富，创造自己的生活，不懒惰，不好逸恶劳；俭是节约素朴，珍惜所有的劳动成果，不造成无谓的浪费。《国语·鲁语》说："夫民劳则思，思则善心生。逸则淫，淫则忘善，忘善则恶心生。"道出了勤劳和节俭的重要性。诗礼传家源于《论语》中孔子与儿子孔鲤的对话，讲孔子要求儿子学《诗》和礼，并且提出"不学诗，无以言""不学礼，无以立"（《论语·季氏》）的训诫。与其说诗、礼有具体的所指，毋宁说泛指文化知识与道德修养，学诗学礼就是学习知识、学习做人的道理与规矩。就是说每个人都受到良好教育，成为知书达理、孝悌忠信、言行恭谨的君子，整个家族成为书香门第，进而长盛不衰，福寿绵长。

"家是最小国，国是最大家。"家庭是社会的基本细胞，是人生的第一个课堂。家风是社风、国风的基础。"一家仁，一国兴仁；一家让，一国兴让"，"宜其家人，而后可以教国人"（《礼记·大学》）。家教、家风好，就能家道兴盛、和顺美满；家教、家风差，难免殃及子孙、贻害社会。千千万万个好家庭友好相处，和谐共存，形成良好的邻里关系，支撑起全社会的好风气，国家就会长治久安。

🔗 知识链接

　　孔子庭训学诗礼。孔子"诗礼传家"家训的由来，出自《论语·季氏》。其大意如下：有一天，孔子的弟子陈亢想了解一下老师是如何教育自己儿子的，于是就问孔子的儿子伯鱼说："你作为老师的儿子，受到过老师特别的教诲吗?"伯鱼回答说："没有。有一次父亲独自站在庭院中，我快步从庭院走过，他问：'学诗了吗?'我回答说：'没有。'他说：'不学诗，就说不好话。'我就回去学诗。又有一天，他又独自站在庭院中，我快步从庭院走过，他问：'学礼了吗?'我回答说：'没有。'他说：'不学礼，就不懂得怎样立身。'我就回去学礼。我的印象中，就这两件事还算比较特殊一些，其他的都是和大家一样的。"陈亢回去高兴地对同学说："我问了一件事，却知道了三件事！知道了学诗的意义，知道了学礼的意义，还知道了君子不偏爱自己儿子的道理。"后来，孔子在庭院中教育孩子的故事，演变成了家教文化的专业术语：庭训。孔子的孙子孔伋（字子思），延续了诗礼家风，上承曾子，下启孟子，作《中庸》阐述儒学要义，将儒家思想进一步发扬光大。

　　孔子诗礼传家的训诫，不仅为孔氏家族奠定了文化基调，而且影响到整个社会的教育理念，使优秀文化得以传承，文脉精神得以延续。

（二）尊重朋友，以友辅仁

朋友是除了血缘亲情之外最重要的感情，孔子很重视友情。《论语》开篇即提到"有朋自远方来，不亦乐乎？"他将有仁德的好友作为自我道德修养的参照，把交到志同道合的朋友视为快乐的事情。他对朋友的要求首先是正直，其次是诚实，再次是见闻广博，交到这样的朋友就会得益；相反与那些谄媚奉承、口蜜腹剑、夸夸其谈的人作朋友，就会有害。这便是《季氏》中所说的："友直，友谅，友多闻，益矣。友便辟，友善柔，友便佞，损矣。"他还提到"乐多贤友，益矣"，以拥有很多德才兼备的朋友为乐，是有益的。

孔子与他的弟子们也建立了深厚的友情，远远不止师生之谊。孔子一生不得志，穷愁潦倒，但他的弟子们无怨无悔地追随着他，与他同欢乐共忧患。有一次，孔子被围困在匡地，好不容易脱险，颜回随后赶到，孔子如获至宝，对颜回说："吾以女为死矣。"颜回说："子在，回何敢死？"（《论语·先进》）笃诚厚道的颜回也说出这样灵光四射的话，相信是因为发自内心之情使然。

孔子有许多关于交友的言论。他认为好朋友能宣扬你的优点，让你名气显扬。子路曾问孔子说有人全心全意地侍养双亲，却无孝名，是何原因？孔子怀疑是"所友非仁人"。他又说："由志之，吾语女。虽有国士之力不能自举其身；非无力也，势不可也。故入而行不修，身之罪也；出而名不章，友之过也。故君子入则笃行，出则友贤，何为而无孝之名也。"(《荀子·子道》）他提醒子路注意结交朋友，好朋友会向外传扬你的好名声，维护着你，当其他人无中生有地诋毁你时，他会挺身而出，保护你的荣誉。孔子之所以声高誉隆，与他的一批忠心耿耿的弟子不遗余力地替他宣传分不开，当然孔子本人也是实至名归，他本人的言行堪称楷模。

在交友方面孔子颇有些独到之见。他说："无友不如己者。"(《论语·学而》）这句话引发一些争论。从字面上解释：不要跟不如自己的人交朋友，杨伯峻的《论语译注》就是这样解释的。按孔子"泛爱众"、以仁为怀的处世原则，不应该存在如此势利的交友心态。其实这句话本身也有问题：不跟不如自己的人交朋友，这是从自己这一方面来讲的；那么反过来，从对方的角度想，他也不想跟不如自己的人交朋友。都想与比自己强的人交朋友，那么岂不是谁也交不上朋友。因此，所谓"不如己"，不应该是指对方的身份地位财富，而是指道德、情操、品行，这样的解释才有道理，符合孔子一贯进取向上的精神追求。

重视友情，却不主张过分亲密，以至没有距离。孔子的交友态度非常理智，他提醒人们交友要慎重，认为朋友之间应坦率真诚，光明磊落，真心相待。认为那些把怨恨装在心里，表面上却装出友好样子的人与行为，是可耻的，"匿怨而友其人，左丘明耻之，丘亦耻之"。左丘明为鲁国太史，以秉笔直书、褒贬善恶著称，孔子把他引为同道。还有，孔子认为朋友之间也要保持适当的距离，不能不分你我，取消界限，甚至将自己的想法强加于朋友。"子贡问友。子曰：'忠告而善道之，不可则止，毋自辱焉'"（《论语·颜渊》）。就是说要尽心尽力给朋友提供必要的忠告，引导他向善，如果他不听从，也就罢了，不要自讨没趣。朋友是五伦之一，朋友之间讲求一个"信"字，劝善规过，是朋友的道义责任，但如果朋友听不进忠告，也就适可而止，否则有可能伤感情，甚至会自取其辱。

（三）心怀大爱，广济天下

除了爱亲人之外，对不相干的他人，也要怀有一颗宽厚仁慈、与人为善之心。孔子说："泛爱众，而亲仁。"就是与所有人都友爱相处，特别是亲近那些具有仁爱之心的人。孟子认为"爱"是人的天性，是人类的普遍情感，所谓"恻隐之心，人皆有之"。他举例说："今人乍见孺子将入于井，皆有怵惕、恻隐之心，非所以内交于孺子之父母也，非所以要誉于乡党朋友也，非恶其声而然也。由是观之，无恻隐之心，非人也；无羞恶之心，非人也；无辞让之心，非人也；无是非之心，非人也。"其中，"恻隐"基本含义是心痛，表达的是对他人的怜悯与关爱。孟子通过"孺子入井"这一具体生活场景，借助归纳推理力图证明一个观点：恻隐之心与仁义礼智"四端"，人人先天具有，人人对"四心""四德"有十分清晰的道德自觉。

正因为如此，孟子说人人先在性"饱乎仁义"。由此，孟子主张"老吾老以及人之老，幼吾幼以及人之幼"（《孟子·梁惠王上》），用爱心和同理心去体恤他人，不仅要孝敬关爱自家的老人和孩子，更要同样孝敬关爱别人家的老人和孩子，这是一种将心比心，推己及人。这样一来"爱人者人恒爱之，敬人者人恒敬之"，就会形成和谐温馨、亲如一家的美好人间。

墨子主张"兼爱""非攻"。墨子认为，家庭矛盾、国家混乱、国家之间发生战争的根源在于人们都自爱而不相爱、自利而不相利。因此提出"兼爱天下"的主张，倡导所有的人和国家，不论贫富贵贱、大小强弱，一律平等地相爱。墨子认为："兼，尽也。尽，莫不然也。"兼爱就是要力所能及地把爱献给所有的人，所有的人都应该得到充分的爱。他希望"天下之人皆相爱，强不执弱，众不劫寡，富不侮贫"；"视人之家，若视其家；视人之身，若视其身"。墨子对自己的思想和理论身体力行之。《墨子·公输》记载了墨子止楚攻宋的故事，生动地叙述了墨子为实现自己的"非攻"主张所表现出的艰苦实践和顽强斗争的精神。楚国准备攻打宋国，请著名工匠鲁班制造攻城的云梯等器械。墨子正在家乡讲学，听到消息后非常着急，他一面安排大弟子禽滑厘带领三百名精壮弟子，帮助宋国守城；他自己则走了十天十夜赶到楚国都城，从言语和行为上双重说服了鲁班和楚王，最终化解了宋国与楚国之间的战争。墨子非宋国人，跟宋国之间也没有任何利害关系，但他不遗余力帮助宋国，体现的恰恰是"兼爱"精神。对所有人一视同仁地爱护，把天底下所有人都当作自己亲人，给予尽心尽力的帮助。如果人人如此，相互之间没有矛盾，没有怨恨，没有战争，大家都能相亲相爱，团结互助，亲如兄弟，那是一幅多么美好和谐的画面，是人类追求的最理想境界。《孟子》也肯定"墨子兼爱，摩顶放踵利天下，为之"。《庄子》评价说："墨子真天下之好也，将求之不得也，虽枯槁不舍也，才士也夫！"梁启超在《先秦政治思想史》中指出："古今中外哲人中，同情心之厚，义务观念之强，牺牲精神之富，基督而外，墨子而已。"近代民主革命家孙中山推崇说："古时最讲爱字的，莫过于墨子了"，"中国平等博爱的宗师，非墨子莫属"。

（四）为政以德，仁泽黎元

孔子继承周公"皇天无亲，惟德是辅"（《尚书·蔡仲之命》）的德政思想，明确提出"为政以德，譬如北辰，居其所而众星共之"（《论语·为政》）。这句话的意思是说，施行"德"政的人，就像天上的北极星一般，受到满天星辰的拱卫。也就是说，执政者道德修养高尚，又有责任心使命感，能够服众，具有权威性和号召力，使下属心甘情愿、心悦诚服聚拢过来，服从管理与指挥。这不仅是执政的指导思想，更是执政实际效果的形象说明。

仁爱的价值理念贯穿到施政原则和社会理想中去，就是一种施仁政行德治的价值追求。《礼记·哀公问》中，孔子答哀公如何"为政"时，核心的观念就是"古之为政，爱人为大"。仁政德治的内涵主要是主张为政以德，实施德政、仁政，而不是严刑峻法。在这方面，齐鲁文化，特别是其中的儒家文化有其独到之处。《尚书·大传》引用孔子的话说："子曰：'听讼虽得其情，必哀矜之。死

曾子画像

者不可复生，断者不可复续也。'""情"不独指犯罪事实，尤在犯罪的社会原因，事实与原因皆明谓之"得情"。哀，哀其不幸也；矜，怜悯也，体现悲天悯人的仁爱情怀。并非越严越好，越残酷越好，对故意犯罪必严惩，而对上不正而失教，或生不足而失养等"不得已"而犯律者，例皆宽宥。《论语·子张》记载："孟氏使阳肤为士师，问于曾子。曾子曰：'上失其道，民散久矣。如得其情，则哀矜而勿喜。'"士师为典狱之官。曾子的意思是说，断狱者当体察生民之艰与涉讼之不得已，查清了犯罪的事实真相，应该悲哀怜悯而不要高兴。儒家云天地之大德曰生，人为万物之贵，唯仁道才是人间一切道理之最高原则，充满着人文精神，洋溢着人性光辉。法家与之形成鲜明对照，法家把治之工具当作治之目的，像韩非子所说"吾以是明

仁义爱惠之不足用，而严刑重罚之可以治国也"（《奸劫弑臣》）。

儒家文化宽刑爱民之心，重要的一个方面是源于君民一体之考虑。据《说苑·政理》（卷172）记载：

鲁哀公问政于孔子。对曰："政有使民富且寿。"

哀公曰："何谓也？"

孔子曰："薄赋敛则民富，无事则远罪，远罪则民寿。"

公曰："若是则寡人贫矣。"

孔子曰："诗云：'恺悌君子，民之父母'，未见其子富而父母贫者也。"

鲁哀公向孔子请教政务，孔子说：国家的政务必须让老百姓富有且长寿。鲁哀公问：这是什么意思？孔子解释道：降低赋税，那么老百姓就会富裕了；国家不扰乱百姓，那么老百姓就会远离犯罪，没有犯罪老百姓就会长寿。鲁哀公抱怨道：那样的话，我作为国君就会变得贫穷了。孔子说：《诗经》有云，优秀的执政者就像是老百姓的父母一样，从未见过孩子富裕而父母贫穷的事情。孔子之意是强调要关心百姓疾苦、有爱民如子之心。

重人才之德。孔子向往"三代"，主张"天下为公，选贤与能"（《礼记·礼运》）。贤能一般是指有德有才、德才兼备的"君子"。孔子说："君子尊贤而容众，嘉善而矜不能"（《论语·子张》）。孟子则强调"尊贤使能，俊杰在位"（《孟子·公孙丑上》）。鲁国打算任用一个叫乐正子的人治理国政，孟子听到这一消息后高兴得夜不能寐。朋友公孙丑问孟子乐正子是否很坚强？孟子说不；公孙丑问乐正子是否非常聪明有主意？孟子回答不；公孙丑又问乐正子是否见多识广？孟子的回答依然为否。他接着道出自己高兴的原因："其为人也好善"。可见孟子认为为政者有"好善"的品德胜过足智多谋与精明强干。为什么"好善"如此重要呢？孟子说："夫苟好善，则四海之内皆将轻千里而来告之以善；夫苟不好善，则人将曰，'訑訑，予既已知之矣。'訑訑之声音颜色距人于千里之外。士止于千里之外，则谗谄面谀之人至矣。与谗谄面谀之人居，国欲治，可得乎？"（《孟子·告子下》）可见孟子认为统治者个人的能力不是最主要的，最重要的是其品德。拥有好的品德，自会有能人献计献策，就会把事情办好，把国家治理好。因为推重德行修养，所以鲁国德人贤士多。孔子、孟子都是高尚的人，是远离了低级趣味的人，他们的人品充分配合着他们的思想学问，被后人真心地倾慕敬仰。

齐文化亦要求施政者要有官德。《管子》中的好多言论与《论语》如出一辙。比如《管子·法法》中有"政者，正也。正也者，所以正定万物之命也。""禁胜于身则令行于民矣。"（《管子·法法》）令人想到《论语·颜渊》："季康子问政于孔子。孔子对曰：政者，正也。子帅以正，孰敢不正？"

五、奋发有为的实干精神

　　求真务实、实干苦干，这是齐鲁文化精神的一大特点。齐鲁大地的人民就是依靠这种精神，创造了丰富的物质财富和精神财富，推动了社会的发展和文明的进步。

（一）因地制宜，扬长避短

春秋战国时代，诸侯蜂起，群雄争霸。强者为王，弱者挨打。虽然周天子稳坐天下第一把交椅，但真正发号施令让各国唯马首是瞻的是那些拥有强大国力的诸侯国。先后涌现的春秋五霸、战国七雄都是这样一些威震神州、让弱小国家俯首帖耳的霸主及其国家。齐国曾为五霸之首，七雄之冠，号令诸侯，左右天子，气势如虹，实力非凡。齐国之所以有如此之威势，关键在国富兵强。而发展壮大自己的国家，是每一个诸侯国追求和奋斗的目标，为什么齐国能够脱颖而出、称霸诸侯？对鲁国来说，则后来居上，其文化与思想成为中华民族最具标志性的代表之一。如果追问一下原因，很重要的一点就是齐鲁文化中所蕴含的求真务实精神。

先看齐国。姜太公被封到齐国后，面对依然动荡不稳的严峻形势及恶劣的自然条件，因地制宜，扬长避短，从客观实际出发，具体问题具体对待，圆满完成了定邦立国的大业。他先是挫败了莱人的争国阴谋，扫清了威胁齐国安全的外部隐患。然后"因其俗，简其礼"，顺从当地的习俗，简化了君臣间的礼仪。这是一种和平过渡的方式，没有过多的杀伐，而是尊重其原有的生活方式与礼仪习俗，在相当长的时间内允许其存在，但在不知不觉中用自己的礼仪制度去影响当地人，让他们归服，这样有利于社会的稳定。太公真是一个伟大的政治家，深谙普通民众心理，具有丰富的政治实践经验。史载这个时期的太公年龄已近古稀，甚至已近百岁，所以他施政从容和缓，灵活变通，不墨守成规，不急于求成，不违背国情，尊重民意，充分考虑到当地民众的心理承受能力，有计划按步骤地引导民众顺着自己的思路走，所以很快便稳住了阵脚，完成了开国重任。南怀瑾先生在议论社会变革的"突变"与"渐变"时说："渐变是温和的，突变是急进的。对于一个社会环境，或者团体，用哪一个方式来改变比较方便而容易接受，慢慢改变他的'不便'而为'便'的，就要靠自己的智慧。"[①] 太公治齐充分显现了一个成熟有经验的政治家的才能与智慧。

因地制宜、与时变化的施政原则与治国方略也体现在齐国后来的统治之中。经过一番惊心动魄的政治斗争登上君位的桓公，不计前嫌任用管仲为相，君臣携手对齐国国政进行了大刀阔斧的改革。先后改革了国家管理体制、经济管理制度以及人才管理制度，因而开创了齐国政治经济军事的新局面，成就了一代霸主的伟业。桓管之后，齐国有相当长时间的混乱与低潮，齐威王为匡国救弊，大力整顿吏治。他派使臣深入乡里，实地考察，微服私访，获取实情，然后重奖严惩。其中，给务实爱民、不善求名、曾遭诽谤的即墨大夫以重奖和正名，封之万家。对贿上窃名、不务民事、不修国防的阿大夫，烹杀示国；对朝中曾经违心赞誉阿大夫的左右臣僚，一并烹之。并以

---

① 南怀瑾：《历史的经验》，复旦大学出版社 2017 年版，第 73 页。

此为契机，修订法律以督奸吏。威王通过改革吏治，大震于天下，"于是齐国震惧，人人不敢饰非，务尽其诚，齐国大治。诸侯闻之，莫敢致兵于齐二十余年"（《史记·田敬仲完世家》）。历史证明，齐国历代明君贤相的这种与世变、与俗化、明世务、合时变的革新精神，是齐国繁荣富强的重要政治因素，正如《管子·正世》所言，"不慕古，不留今，与时变，与俗化"。

🔗 **知识链接** ┄┄┄┄┄┄┄┄┄┄┄┄┄┄┄┄┄┄┄┄┄┄┄┄

桓公问政于管仲。齐桓公乃春秋五霸之一，而管仲就是那位辅佐桓公成就霸业的著名政治家。齐桓公即位之初，向管仲请教如何治国，君臣之间进行了一场对话，管仲的回答可谓切中肯綮。

桓公说自己刚刚继承大统，人心尚未安定，国势不振，想整顿国政，建立纲常法纪，应当从哪里入手？管仲回答说：礼义廉耻，国之四维；四维不张，国乃灭亡。您想立国纲纪，必须首先张扬四维，用它来教化百姓，那么纲纪就能树立，国势也会振兴。齐桓公又问：怎样才能教化百姓？管仲说：要想教化百姓，必须先爱护他们，然后再进行治理。桓公问：爱护百姓的方法是什么？管仲说：减少刑罚，减轻赋税，百姓就会富足；选拔贤士，让他们在国中执教，百姓就会知礼；法令一旦颁布，就不要朝令夕改，百姓就会行为端正。这就是爱护百姓的方法。

管仲又提出发展经济、整顿军队、尊王攘夷等策略，不仅可以增强齐国的国力，还能提高齐在诸侯国中的威望。管仲的治国才能和远见卓识，为齐桓公成为春秋首霸奠定了坚实基础。

鲁国在开国之初则是另一幅图景。周公原本被封到鲁，因为要辅助成王执政，所以其子伯禽代为就任。虽是伯禽赴任，但鲁国执行的是周公的治国理念和思路。周公为文王之子，武王之弟，成王之叔父，是宗法和礼乐制度培育出的王公贵族，他在制定鲁立国之策时，注重宗法，崇拜祖先。周公对周王朝的建立与稳固起了不可替代的作用，武王、成王都非常感激他；而鲁又是周公的封地，所以鲁国和周王朝之间就有一种非同寻常的关系。周王给了鲁异常丰厚的封赐，据《礼记·明堂位》说："凡四代之服、器、官，鲁兼用之。是故，鲁，王礼也，天下传之久矣。"当周公去世后，周王室更是特许鲁国"世世祀周公以天子之礼乐"（《史记·鲁周公世家》）。这样，鲁国就成了当时保存周礼最多的国家。加上周礼在平王东迁的过程中有毁坏，而鲁国却完好无损地保存着周王室赐予的典籍礼仪。《左传·昭公二年》载：晋国的韩宣子到鲁国聘问，从太史氏那里看到所藏的《易》《象》《鲁春秋》等典籍文献后，发出了"周礼尽在鲁矣"的感慨！鲁国的读书人也多以知书识礼著称，如《庄子·天下》篇说："其在诗、书、礼、乐者，邹鲁之士、缙绅先生多能明之。"正因为有这样的背景，鲁国自觉地贯彻执行周公所制定的礼仪规则和施政纲领。伯禽代周公就封鲁国，三年以后才向周公汇报治国情况。周公问他：为什么这么晚？伯禽回答说，自己是按照周礼的要求与规范来改造革除鲁地旧的传统和习俗，需要时间让人们接受适应，不会一蹴而就。可以想象得出，为了不辜负周公与周室的期望，为了让周公的思想在鲁国贯彻实施，伯禽是下了很大力气的。鲁国成了当时保存周礼最完备的国家，成了有名的礼仪之邦。鲁国的文化积淀之深、文化氛围之浓、文化品位之高、文化力量之强，其他诸侯国难望其项背，这为在鲁国诞生大一统后的中华民族首选统治思想奠定了雄厚基础。

（二）脚踏实地，实事求是

齐、鲁两国的治国安邦思想体现着实事求是、注重实效的特点。齐国的主流政治思想基本上属法家文化，后世的理论家一般是将商鞅、管子、韩非子并举，视管子为法家一派的人物。东汉时的王充在《论衡·案书篇》中说："商鞅相秦，作耕战之术，管仲相齐，造轻重之篇，富民丰国，强主弱敌，与公孙龙、邹衍之书不可并言"，将商鞅、管子并列。梁启超也说："盖自'宗法政治'破坏以后，为政者不能不恃法度以整齐其民，于是大政治家竞以此为务。其在春秋，则管仲、子产、范蠡，其在战国，则李悝、吴起、申不害、商鞅之流，皆以法治卓著成绩。……逮战国末年，则慎到、尹文辈益精研法理，至韩非而集其成，斯则法家之所以蔚为大国也。"① 肯定了管仲的法治成绩。但《管子》一书中的法家思想人们称之为"齐法家"，它受到了来自近郊邹鲁之地的儒、墨等思想的影响，增加了礼的成分，礼法并用，德法结合，形成了自己的特色。这从齐国既主张严刑峻法又强调德治礼教可以看得出来。

在《管子》一书中已经有了"以法治国"的字眼，这是中国历史典籍中最早出现此提法的文献。严格的法令、制度，被视为治国之宝。《管子·法法》篇说："令者，人主之大宝也。""规矩者，方圜之正也。虽有巧目利手，不如拙规矩之正方圜也。故巧者能生规矩，不能废规矩而正方圜。虽圣人能生法，不能废法而治国。故虽有明智高行，倍法而治，是废规矩而正方圜也。"《管子·任法》篇也强调："法者，天下之至道也，圣君之宝用也。"要求"君臣上下贵贱皆从法"（《管子·任法》），而且统治者要以身作则，那么令行天下，即"禁胜于身则令行于民矣"（《管子·法法》）。但同时齐国统治者对德治礼教的作用也有清醒的认识。《管子·牧民》说："国有四维……一曰礼，二曰义，三曰廉，四曰耻。礼不逾节，义不自进，廉不蔽恶，耻不从枉。故不逾节，则上位安；不自进，则民无巧诈；不蔽恶，则行自全；不从枉则邪事不生。"因此，"守国之度，在饰四维……四维不张，国乃灭亡。"将"四维"之教视为关乎国家存亡的关键。《管子·五辅》篇进一步申明："上下有义，贵

---

① 梁启超：《先秦政治思想史》，东方出版社1996年版，第80页。

贱有分，长幼有等，贫富有度。凡此八者，礼之经也。故上下无义则乱，贵贱无分则争，长幼无等则倍，贫富无度则失。上下乱，贵贱争，长幼倍，贫富失，而国不乱者，未之尝闻也。"强调了礼义教化在国家政治中的重要作用。

鲁文化特别重视脚踏实地，不务虚名，反对好高骛远，浮而不实。比如孔子的为人与处世遵循实事求是的原则，"知之为知之，不知为不知，是知也"（《论语·为政》）。他不喜欢大言不惭、夸夸其谈的人，认为这样的人往往说到而做不到："其言之不怍，则为之也难。"更有甚者，这样的人言不由衷，心口不一，浮夸少德："巧言令色，鲜矣仁"，"巧言乱德"。相反他觉得"刚毅木讷近仁"，"君子欲讷于言而敏于行"（《论语·里仁》）。要"居之无倦，行之以忠"（《论语·颜渊》）。他推崇一种"桃李不言，下自成蹊"的境界。他说"天何言哉！四时行焉，百物生焉，天何言哉！"（《论语·阳货》）孔子不喜欢那些只说不做的人，他说"士而怀居，不可以为士也"。满足于吃饱喝足，没有更宏伟的抱负，没有一种为国为民献身的热望，没有一种作出更大成绩的胸怀，没有以天下为己任的承担意识，没有成就一番事业的雄心壮志，那算不得一个大丈夫。在实际生活中，孔子也是一个身体力行的典范。他周游列国，游说各方，希望自己的思想主张得以实施，发挥作用；即使知道理想跟现实有差距，困难重重，他也不轻易放弃自己的理想主张，他跟人说"道之不行，已知之矣"。孟子也是一个急于献身的行动者，他说："如欲平治天下，当今之世，舍我其谁也!"(《孟子·公孙丑下》)体现出一种强烈的社会责任感使命感。儒家这种知难而进、奋发进取、永不放弃的精神自古以来就给中国人以精神的鼓励与鞭策。

(三)尊重规律，灵活变通

求真务实意味着做事情要尊重客观规律，灵活变通，不拘泥、不古板，不循规蹈矩。孔子曾告诫他的弟子，为政要"无欲速，无见小利。欲速，则不达；见小利，则大事不成"(《论语·子路》)。做事情不能一味追求速度，不要贪图小利，想要快速地成功，反而达不到目的，贪图小利就成就不了大事业。强调了尊重事物发展规律的重要性，做任何事情都不能急功近利，一蹴而就。

权变灵活、机智辩证、审时度势的特点体现在孔子思想与行为的方方面面。推崇孝，却不提倡愚孝。孔子非常重视孝道，将孝视为人之道德品质的根本，认为对父母孝的人也会忠于国家忠于君主，如果人人为孝，则天下大治。可见，他认为孝是治国的根本，不可谓不重要。但是孔子并没有将孝绝对化、极端化，而是以为为人子女不见得要无条件服从父母，需要看父母有没有道理，如果父母无理要求也可以不服从。《荀子·子道》记载鲁哀公与孔子的一段对话，鲁哀公问：儿子服从父亲的命令，就是孝顺吗？臣子服从君主的命令，就是忠贞吗？一连问了三次，孔子都不回答。因为他不同意这种说法。

他后来跟子贡说，国家如果有敢于谏诤的臣子，那么就不会出现大问题；一个家庭也是如此，"父有争子，不行无礼"，即父亲有了谏诤的儿子，就不会做不合礼制的事情。孔子还说，儿子一味听从父亲，臣子一味听从君主，算不上真正的孝顺和忠贞；而必须搞清楚听从的是什么，该听从的听从，不该听从的可以不听。孔子的意思是说，不能一味盲从父辈，或无原则地顺从上意，置大是大非、大义大理于不顾，单纯为了成就孝、贞名，这不是正确的做法，于事无补，甚至会陷父、君于不仁不义之中。正确的做法是敢于劝谏，据理力争，一切以是否合乎道义为准则。

提倡尊君，却不主张无原则服从。孔子强调"事君以礼""事君以忠"，主张按照尊卑等级秩序来侍奉君上，不能有僭越。对于那些无视君主的尊严、作出不合乎身份要求的人与行为，孔子气愤至极，斥之为"是可忍，孰不可忍！"孔子时刻维护君主的权威，严肃地满怀敬意地对待与君主有关的一切，没有丝毫不恭不敬。比如，国君赐以熟食，孔子吃的时候必先摆正座位，以示恭敬；国君有事情要办，孔子马上就去，等不及备好车马。目的是保持一国之君的尊贵地位，有利于维护统治秩序。但是孔子又不主张臣下无原则地服从君主，而是认为君臣之间存在一种双向互动关系，所谓"君使臣以礼，臣事君以忠"，就是君必须以礼待臣，然后臣才能忠于君主。如果君主有什么不对的地方，可以与他展开争论，但不可以欺骗他，"勿欺也，而犯之。"其中所包含的意思，君臣各有自己的责任和义务，也有自己的人格与尊严，要相互尊重、相互理解。君主高高在上不可以颐指气使、刚愎自用，臣子居于下位也不用唯唯诺诺、成为君主的附庸而失掉自我。

好勇却不主张无谓的莽勇。孔子毫无疑问是一个"温良恭俭让"的谦谦君子，同时孔子也是一个十分有血性的人，他有许多令人激情澎湃的话语："见义不为，无勇也"，"勇者无惧"，"志士仁人，无求生以害仁，有杀身以成仁"。这掷地有声的话语激励鼓舞了后世多少志士仁人为正义事业而英勇无畏，奋斗牺牲。但孔子对勇的态度是非常冷静理性的，他时常提醒弟子们不要意气用事，而要仔细谨慎，做到有勇有谋。孔子曾说："暴虎冯河，死而无悔者，吾不与也。必也临事而惧，好谋而成者也。"那种空手搏虎，赤足过河，盲目冒险，连死都不怕的人我是不跟他共事的。什么样的人合适？一定是遇见事情小心翼翼，战战兢兢，唯恐有失，因此精心谋划，充分准备，最后获得成功。他这番话是针对子路说的，子路是孔子最喜欢的弟子之一，他曾给予子路很高的评价，说他颇具治国之才，但子路有一个性格特点就是好勇逞强，伉直鲁莽。对此，孔子大不以为然，经常批评子路"好勇过我，无所取材"。可见，孔子不赞成莽夫之勇，凭一时头脑发热，不讲智慧不计后果，极有可能造成无谓的牺牲，这样的人与行为不可取。

渴望从政，却从之有道。孔子从不掩盖自己从政的热望，满怀一腔报国之情，希望通过自己的努力建功立业，但是他却并不饥不择食，而是有所选择，不合标准与要求的不肯轻易委身。孔子曾宣称："鸟则择木，木岂能择鸟。"显示出一种"良禽择木而栖"的潇洒，还有那么一点高自标持的自尊。他的一生仕途不顺跟他的这种从政与做人原则有关，他周游列国无枝可依，一方面是因为他的政治主张不合时宜，不被各国统治者看好，另一方面也是因为他不迎合当权者的好大喜功心理，不降低自己的理想标准。

不鄙视财富，也不刻意追求。孔子向来不重物质利益，名利心淡薄，"子罕言利"。他将对待义与利的态度视为区别君子、小人的标志，"君子喻于义，小人喻于利"。他对感官享受看得很淡，认为作为一名君子应该"食无求饱，居无求安，敏于事而慎于言"，主张"饭疏食饮水，曲肱而枕之，乐亦在其中矣"。但他绝不反对物质利益与财富，认为求富求贵、恶贫恶贱是人的本能，无可厚非。他说："富与贵，是人之所欲也"，"贫与贱，是人之所恶也"。如果通过努力能获得财富，即使很普通的、一般人以为很低下的事情他也愿意去做，比如为人驾车，"富而可求也，虽执鞭之士，吾亦为之。"他特别注意求富与贵的手段，一定是正当的，通过自己的辛勤劳动得来，否则坚决不会去取，所谓"不以其道得之，不处也"。他还义正词严地宣称"不义而富且贵，于我如浮云。"用不正当的手段得来的富贵，对于我来讲就像是天上的浮云一样，没有任何意义。

总之，孔子为人处世的态度是"毋意，毋必，毋固，毋我"（《论语·子罕》），也就是说不凭空揣测、不绝对肯定、不拘泥固执、不自以为是。孔子的这种灵活变通、因地制宜的特点让他显出了豁达与大度。

（四）言行合一，注重实效

言行是指一个人的语言表现和行为举止。言行是相互关联的，言语和行为共同构成一个人的整体形象。一个人的言行应该保持一致，言语真诚、行为得体，才能够赢得他人的信任和尊重。孔子云："言行，君子之枢机。枢机之发，荣辱之主也。言行，君子之所以动天地也，可不慎乎？"他把言、行视为君子之为君子的关键，决定其一生的荣辱。君子的一言一行，可以动天地，需要特别谨慎小心。

言语要"慎"。孔子告诫君子，"驷不及舌。"驷，古时由四匹马拉的车；舌，指说的话；形容话语传播之快，只要说出口，就再也无法收回。因此出言务必慎重，说出的话要真实可信，经得住检验，不能信口开河。孔子认为"道听而涂说，德之弃也"。在路上听到传闻不加考证而随意传播，这是无德的表现，应该杜绝这种现象。孔子发现一条规律："其言之不怍，则为之也难。"就是说话大言不惭、言过其实的人，往往很难说到做到。他主张"君子食无求饱，居无求安，敏于事而慎于言，就有道而正焉，可谓好学也已"。即君子吃饭不要求饱足，居住不要求舒适，工作上勤劳敏捷，说话小心，到有道的人那里去匡正自己，这样，就可以说是好学了。朱熹对其中所提到

孔子像轴（孔子博物馆藏）

的"言行"注曰："事难行，故要敏；言易出，故要谨。"君子对于自己的言行，从来不会马马虎虎去对待。

"君子欲讷于言而敏于行"，这是孔子传之甚广的一句话。意谓君子言语要迟钝，行动要敏捷。他还说："仁者，其言也讱。"《说文解字》释"讱"为"顿也"，指言之钝也。《广雅》释"讱"为"难也"，即说话慢又难，不大容易说出口。为什么不容易出口？孔子说："为之难，言之得无讱乎？"即做起来不容易，说话能不迟钝吗？正因为这样，所以孔子对那些能说会道、夸夸其谈的人没有好印象，毫不留情地说他们"巧言令色，鲜矣仁"。花言巧语，一副伪善的面貌，这样的人仁德不会多。他甚至说："巧言乱德。"油嘴滑舌会败坏道德。朱熹对此注曰："巧言，变乱是非，听之使人丧其所守。"孔子推崇的是"刚毅木讷"，即性格刚强坚毅，为人质朴，不善辞令，这种人接近仁德。孔子是行动派，他重行动，轻言语，害怕以言害行。如果一个人做得好，业绩突出，但不善言谈，没有问题；反之，只说不做，没有成绩，就会给人不好的印象。"子贡问君子，子曰：'先行其言而后从之。'"先把事情做好了，再说出来。所以孔子强调对一个人要"听其言而观其行"，听了他说的话还要观察他的行为。一言以蔽之，讷言敏行就是少说多做，这是重要的君子之道。

言行要忠信。孔子曰："君子有九思：视思明，听思聪，色思温，貌思恭，言思忠，事思敬，疑思问，忿思难，见得思义。"君子有九种要用心思考的事：看要看得明白，听要听得清楚，待人接物脸色要温和，容貌要恭敬，言语要忠实，做事要认真负责，有问题要发问，气愤发怒时要想想可能产生的后果，看见利益要想想是否该得。

在话语方面提到一个"忠"字，《说文解字》释"忠"为"敬也"，尽心曰忠；《左传》说："无私，忠也"；《周礼》将"忠"列为六德之一。忠，从心，中声，本义为尽心竭力，忠心不二，心无旁骛。"忠"往往与"信"相连，"信"从人从言，意为人的言论应该是诚实的，没有任何虚妄不实。"忠"是指人之内心毫无保留，全心全意，真诚无私；信则指人之外在言行真实无欺，足以信赖。忠信是孔子及其儒家文化特别看重的，他说："言忠信，行笃敬，虽蛮貊之邦，行矣。言不忠信，行不笃敬，虽州里，行乎哉？"言论忠实可靠，行为笃实恭敬，这样即使在异国他邦也能行得通；反之，说话不忠信，行为不笃敬，即使在本乡本土，也行不通。忠信就是一个人的通行证，是立身之本，不忠不信，寸步难行。忠信也是君子治国安邦所依仗的大原则，《大学》云："君子有大道，必忠信以得之，骄泰以失之。"在上者忠诚守信，言出即行，表里如一，就能得到人民的信服，获得人民拥戴；骄横放纵、言而无信，就会失去人民信赖，进而失掉民心。

《毛诗序》中说："情动于中而形于言"。西汉扬雄《法言》云："言，心声也。"说什么、怎样说，归根结底源于内在修养与思想见地，因此坚持不懈地学习、持之以恒地修炼自我，是君子之言更好、更能打动人、影响人的关键。

六、勤劳智慧的创造精神

在中国源远流长的历史发展进程中，在这片广袤辽阔的黄土地上，聪明睿智的中华儿女创造了各具特色的地域文化。齐鲁文化是这个大家庭中的一个组成部分，但却是其中最为耀眼的成员之一。它所创造的物质文化成果丰富多彩，所创造的精神与思想成果更是人世间宝贵的精神财富。究其原因，齐鲁文化具有求新、求变、求活，勇于超越前人、突破自我，敢于打破常规、勇猛顽强的创造精神。

（一）审时度势，因势利导

创新一定是立足于实际，因地因时制宜，具体情况具体分析，才能有的放矢，取得实效，齐国建国之初所确立的治国理念就是这种精神的体现。

武王克商，西周王朝建立，便开始大规模封建诸侯。被封者主要是同室姬姓及其亲戚，还有功臣、故旧、先圣之后等。分封的目的是"股肱周室""以藩屏周""为周室辅"，即是说，将不同区域的土地派给自己的亲信或嫡系，让他们建都立国，统治一方。但各诸侯国都在王朝的控制之下，土地也归周天子所有，所谓"溥天之下，莫非王土；率土之滨，莫非王臣"（《诗·小雅·北山》）。由此周王朝政权便固若金汤，长治久安了。

姜太公作为西周王朝的有功之臣被分封到齐国。这里原是商的根据地，商之旧族遗民仍有不臣服之心，加上东方莱族向西扩张，常有冲突与战事爆发，所以文韬武略的姜太公被封于齐，是肩负重任的。这从周武王为姜太公所划定的管辖范围和赋予的权限也可以看得出来。太公管辖的范围是"东至海，西至河，南至穆陵，北至无棣"，他可以"五侯九伯，实得征之"（《史记·齐太公世家》）。但当时的齐地不仅存在着动荡不稳、岌岌可危的严峻形势，而且地处偏远，自然条件非常差，土地贫瘠，盐碱化严重，人口稀少，十分荒凉。要想站稳脚跟，而且做出一番业绩，可谓困难重重。姜太公因地制宜，扬长避短，从客观实际出发，具体问题具体分析，完成了定邦立国的大业。

他先是挫败了莱人的争国阴谋，扫清了威胁齐国安全的外部隐患。天下初定，危机四伏，稍有差池，便会酿成无可挽回的大错。精明如太公者也差一点被"鸠占鹊巢"，遭遇未就国先失国的危险。幸亏他及时醒悟，采取行动，才化险为夷。据《史记·齐太公世家》记：吕尚①东行去封国，路上停宿行进迟缓。旅舍有人说，我听说时机难得而易失，客人寝居非常安然，实在不像是到封国去就职的人。太公听到这话，连夜启程，天亮就到达封国，正遇上莱侯带兵来战，和太公争夺国土。这一场虚惊给太公一个下马威，让他实实在在领教了所面临形势的复杂、严酷，也提醒他要小心从事，不可麻痹大意；治理国家也如同作战一样，不仅要知己知彼，还要讲究速度效率，更要善用智慧与谋略。

史书上没有记载此后太公具体的所作所为，但是从他到任后五个月就胸有成竹地向周公报政，即可以看出他从这件事中吸取了教训，增长了见识，并应用到执政方针与治国方略中了。他采取的方略即"因其俗，简其礼"，也就是审时度势，因袭其旧有的习俗，将当政的繁文缛节简化。这是一种和平过渡的方式，没有暴力，没有过多的杀伐，而是尊重其原有的生

---

① "姜尚""吕尚""姜太公"为同一人。

活方式与礼仪习俗，在相当长的时间内允许其存在，但在不知不觉中用自己的礼仪制度去影响当地人，让他们归服，这有利于社会稳定，而且事半功倍。太公不愧为一个伟大的政治家，深谙普通民众心理，具有丰富的政治实践经验。他不急于求成，不违背国情，充分尊重民意，考虑到当地民众的心理承受能力，有计划按步骤地引导民众顺着自己的思路走。所以很快地"人民多归齐，齐为大国"（《史记·齐太公世家》）。

（二）挑战现状，突破陈规

创新精神的核心是敢于突破传统思维，勇于挑战现有的观念和框架，积极主动地寻找新的方法和途径，敢于尝试未知领域。

与时变化的施政原则与治国方略也体现在后来的桓管变革之中。经过一番惊心动魄的政治斗争登上君位以后，桓公不计前嫌任用管仲为相，管仲对齐国国政进行了大刀阔斧的改革，开创了齐国政治、经济、军事的新局面，成就了齐桓公一代霸主的伟业。

首先，改革国家管理体制。采用"叁其国而伍其鄙"的行政区划管理，即把都城地区划分为 21 个乡，21 个乡分属三部分，每一部分各有一军，乡以下再设连、里、轨等各级行政组织，并分别设有官员管理；把都城以外的乡村农户分为五属，由五个大夫分别管理，属以下设乡、卒、邑、轨各级组织，每级设有管理官员。这样分级明确，组织严明，便于层层管理，分工负责。另外，实行四民分居的方法。将国内居民按照职业不同分为士、农、工、商四大类别，为其划定不同的区域居住，不得混杂。这样不仅便于不同行业的管理者进行统一管理，又能让相同职业者互相切磋交流，有利于提高技术，有利于商品的生产与流通，而且不会因为职业不同而互相影响，有利于人心的安宁与社会秩序的稳定。

其次，改革人才管理制度。主要体现在人才的培养和选拔上，管子非常注重人才的发现、培养和使用，对传统的吏制进行了改革。他说："一年之计，莫如树谷；十年之计，莫如树木；终身之计，莫如树人。一树一获者，谷也；一树十获者，木也；一树百获者，人也。"就是说，做一年的打算，最好是种五谷；十年的打算，最好是植树；作终身的打算，最好是培养人才。对人才培养的投资，会收到事半功倍的效果，而且它是一项长期的战略任务，必须坚持不懈，持之以恒。培养人才的最佳方式是教育，在《管子·弟子职》中专门讲述了学生从入学、受业到事师的有关事项，还有各种规则与要求。又制定了三选制度来发现和选拔人才。据《管子·小匡》记载，为了便于慎重选拔人才，采取逐级推荐物色的办法，不让一个人才遗漏。具体做法是：每年的正月初一，朝廷召开朝会，先由最基层的长官乡长向桓公述职，桓公要问他们乡里有没有勤奋好学品德又好的人，如果有，一定要上报，否则便是埋没人才，要治罪。乡长回去以后，就推荐贤德之人，桓公亲自接见，并安排在官府任职，此为"一选"。一年以后，桓公要对这些新任命的官员进行考察，他让主管者写出书面报告说明其政绩，对其中确有能力表现突出的再次予以调查，广泛征求意见加以验证，此为"二选"。最后，桓公还要亲自进行考察，与这些优秀者进行面谈，提出一些难题询问对策，凡是能对答如流，确有实际能力，且无大过者，便提拔为高一级的官员，此为"三选"。这样做的结果，一是层层推荐，真正做到了"匹夫有善，故可得而举也"（《管子·小匡》），平民百姓中只要是有才能的，都有施展才华为国效劳的机会；二是严格考核，注重实际能力，也就杜绝了让庸才居重位的可能；三是不举荐有罪，避免了个别人因为私利而打击报复的事情发生。威王整顿吏治是齐国历史上第三次大的变革行动，也是以创新变革求发展的具体体现。桓管君臣，励精图治，将齐国推上了强盛的巅峰。但后世的继任者们却不思进取，荒废国政，致使大权旁落，被田氏取而代之。但田齐政权也没有多大起色，到齐威王时，不理朝政，国事委托卿大夫办理，吏治腐败，国势衰弱，周围的诸侯国如韩、赵、魏、鲁、卫都来讨伐，齐国内外交困，危在旦夕。谋士邹忌以巧妙的办法劝谏威王，他请威王欣赏自己弹琴，但手却只是抚在琴弦上一动不动，威王表露出不悦之色，邹忌从容地对威王说：我拿着琴一会儿不弹你就烦了，而你拿着齐国这张大琴这么多年不弹，就不怕万民失望？我以弹琴为工作，不弹琴就是失职，而你以治理国家为职责，不理国政，难道不是失职？威王由此警醒，发愤图强。

因时变革是事物发展变化的客观要求。历史证明，齐国历代明君贤相的这种与世变、与俗化、明世务、合时变的政治革新精神，是齐国繁荣富强的重要政治因素。

（三）守正创新，开拓新业

知常明变者赢，守正创新者进。守正不是墨守成规、一成不变，创新不是无本之木、无源之水。在创新基础上守正，才不会故步自封，才能与时俱进、推陈出新；在守正基础上创新，才不会偏离方向，才能根深叶茂、源远流长。

孔子是伟大的思想家、教育家，在礼乐文化及教育的方式方法上多有在传承基础上的开创之功。"周公是礼乐文化的首创者，但是周礼文化到春秋时期早已崩坏，虽然孔子自己说：'郁郁乎文哉！吾从周'（《论语·八佾》），但周公的礼乐是个什么样子，恐怕孔子自己也说不清，只是为自己的创新找个权威性的依托而已。孔子的礼乐文化完全是他的创造。"[①] 儒家文化是中国传统文化的主流，孔子是其中承上启下的人物，是传承中华文化遗产的伟大功臣。近现代以来许多著名的学者把孔子视为中国文化史上的泰山北斗，如钱穆讲："孔子为中国历史上第一大圣人。在孔子以前，中国历史文化当已有两千五百年以上之积累，而孔子集其大成。在孔子以后，中国历史文化

---

① 郭墨兰主编：《齐鲁文化》，华艺出版社1997年版，第35页。

又复有两千五百年以上之演进，而孔子开其新统。在此五千多年，中国历史进程之指示，中国文化理想之建立，具有最深影响最大贡献者，殆无人堪与孔子相比伦。"[1] 吴宓也说："孔子者，理想中最高之人物也。其道德智慧，卓绝千古，无人能及之，故称为圣人。圣人者模范人，乃古今人中之第一人也。"[2] 熊十力先生指出："夫儒学之为正统也，不自汉定一尊而始然。儒学以孔子为宗师，孔子哲学之根本大典，首推《易传》，而《易》则远绍羲皇。《诗》《书》执礼，皆所雅言，《论语》识之。《春秋》因鲁史而立义，孟子称之。《中庸》云仲尼祖述尧、舜，宪章文、武。孟子言孔子集尧、舜以来之大成。此皆实录。古代圣帝明王立身行己之至德要道，与其平治天下之大经大法，孔子皆融会贯穿之，以造成伟大之学派。孔子自言'好古敏求'，又曰'述而不作'，曰'温故知新'。盖其所承接者既远且大，其所吸取者既厚且深。故其手定六经，悉因旧籍，而寓以一己之新意，名述而实创。是故儒学渊源，本远自历代圣明，而儒学完成，则又确始于孔子。"[3] 诸先生的论述可谓一语中的，十分精辟到位。中华五千余年悠久的、持续不断的文明与历史，正是因为孔子在其中发挥着承上启下的作用，而且

---

① 钱穆：《孔子传》，生活·读书·新知三联书店 2002 年版，"序言"第1页。

② 吴宓：《孔子之价值及孔教之精义》，《大公报》1927 年 9 月 22 日。

③ 熊十力：《读经示要》，《熊十力全集》第三卷，湖北教育出版社 2001 年版，第 747—748 页。

他又有自觉传承创新文化的意识与责任，如果没有孔子，中华文化是什么样子很难想象。

孔子对上古三代流传下来的散乱的历史文献、文化典籍和礼乐传统进行了系统的编修整理，这不仅是一项开创性的经籍整理的工作，而且使上古三代的文化传统得以载之经籍。孔子对古代典籍的收集整理史称"删诗书，定礼乐，赞周易，修春秋"，其中每一项都是巨大的劳动，都要付出心血与努力；而且这些著作既是儒家的根本经典，也是中国传统文化的重要经典。

"删诗书"。"诗"是《诗经》，是我国历史上第一部诗歌总集，原来有三千多篇，经孔子选定后的本子只有三百多篇。这种选择不仅仅是删减，而是体现了孔子的思想和审美的眼光。"书"是《尚书》，是中国最古老的文献集，其中的资料大多是远古到西周初期的公务文书，孔子对之也采取了大体相同的编辑方式，才使后人看到如今《尚书》的模样。因此，与其就孔子"删诗书"，不如说孔子是"选择编辑诗书"。

"定礼乐"。西周建立之初，周公制礼作乐，开启了中国历史上的礼乐传统，人们称周公为中国礼乐的集大成者。春秋末期，孔子生活之世，出现礼崩乐坏的局面，孔子为之痛心疾首，发出了"八佾舞于庭，是可忍也，孰不可忍"的怒斥。孔子推崇周公的礼乐制度，"郁郁乎文哉，吾从周"，希望能恢复周礼，为此做出了一些努力，也取得了一定效果。

"赞周易""修春秋"。这是孔子晚年做的工作。据说孔子喜欢《周易》，以至于"韦编三绝"。孔子曰："加我数年，五十以学《易》，可以无大过矣。"《孔子世家》称："孔子晚而喜《易》，序《彖》、《系》、《象》、《说卦》、《文言》。"《汉书·艺文志》又将《序卦》等加上，认为"十翼"皆孔子作。但是一直有学者质疑此观点，认为《十翼》各篇成书时间时代不一，约在战国至汉陆续问世。不管怎样，孔子对易是作出过贡献的。对《春秋》，孔子也倾注了极大的心血。孔子非常重视《春秋》，将之视为对功过评判的一个蓝本。《孟子·滕文公下》说："《春秋》，天子之事也。是故孔子曰：'知我者，其惟《春秋》乎！罪我者，其惟《春秋》乎！'"孔子对《春秋》的修订也融入了自己的思想与是非善恶美丑等价值取舍与评价的标准，因此后世称，"孔子作《春秋》，而乱臣贼子惧"。

孔子及其他先秦诸子致力于对散乱的、处于自然流传状态的文化经籍进行系统的甄别、鉴识、编选、整理、修订，使传统经典化。在史的基础上，对自然、社会、历史、人性等许多带根本性的重大问题展开深入系统思考，并作出富有开创性的总结和阐释，成就中国历史上第一个学术黄金时期。这不仅有利于文化传承，更为重要的是典籍中所蕴含的思想观念极大地影响了后世，对中华民族作出了卓越贡献。从这个意义上讲，孔子是传承与创新中华文化遗产的伟大功臣。

 知识链接 ┈┈┈┈┈┈┈┈┈┈┈┈┈┈┈┈┈┈┈┈┈┈┈┈┈┈┈

"郁郁乎文哉，吾从周。"这句话出自《论语》，是孔子说的，意谓周朝的礼乐制度借鉴了夏、商两朝，是多么丰富多彩呀，我主张遵从周朝的礼乐制度。孔子一生致力于维护周礼，即周朝的典章、制度、规矩、仪节等，而周礼是在夏商二代基础上发展而来的，既有传承更有创新。因此无论是在内容还是形式上，周礼都要比前朝完善许多，这也是孔子对周礼推崇有加的原因所在。

孔子的开拓之功，远不止此，比如，他开创私学，对中国历史影响深远。孔子以前，学在官府，大夫以上的贵族及他们的子弟才能入学，一般人不能享受学校教育。孔子打破"学在官府"的局面，首创了"私学"，成为我国历史上第一个办私人教育的人。他创造性地提出"有教无类"原则，只要交很少的学费，所谓"自行束脩以上，吾未尝无诲焉"（《论语·述而》）。广收门徒，不问出身，不分贫、富、贵、贱、智、愚、贤、不肖，都可以施教，这是人类教育史上"一项很有革命意义的政治突破""体现了孔子的教育平等的思想"①。在他的学生中包括社会不同阶层的人，有生活非常贫困的颜渊、有食藜藿的子路、有鲁之鄙人子张、有种瓜的曾参、有身穿芦衣为父亲推车的闵子骞、有家庭出身卑微的仲弓、有犯过法的公冶长、有经商为生的子贡，这些人都属于平民阶层，只有孟懿子和南宫适是鲁国的贵族。孔子开创私人办学的先河，让一般平

---

①　匡亚明：《孔子评传》，南京大学出版社 1990 年版，第 291 页。

民也能够接受教育，这是教育的一次大革新、大进步，为传统中国的发展和文化繁荣开辟了道路。

在教育实践中，孔子亦多有创新。他首倡"因材施教"原则，采取启发式教学，对不同的学生，采取不同的教育方法。他对自己的每一个学生都非常了解，在解答他们的问题时有针对性，纵然同一个问题，因问者不同，答复也不同。比如，颜渊、仲弓、司马牛三人问仁，孔子有三种不同的答案（《论语·颜渊》）。子路和冉有都问"闻斯行诸"，孔子对子路的答复是："有父兄在，如之何其闻斯行之？"意思是需要跟父兄商量一下再做，对冉有的回答是"闻斯行之。"公西华疑惑了，问孔子："由也问闻斯行诸，子曰，'有父兄在'；求也问闻斯行

▌ 杏坛。为纪念孔子讲学而建，是孔子教育光辉的象征

诸，子曰，'闻斯行之'。赤也惑，敢问。子曰：'求也退，故进之；由也兼人，故退之。'"这种因人施教的原则到现在依然值得借鉴。

在教学内容上，孔子既注重培养人的高尚道德和仁爱之心，又包括了文化知识和实用技能的教育，让人全面发展，以达到经世致用的目的。孔子以"四教""六艺"教学，"四教"指"德行、言语、政事、文学"，"文"是文化知识，"行、忠、信"都属于道德教育的范围。孔子的德教强调"据于德，依于仁"，要培养人的高尚道德和仁爱之心，使人具有孝悌、忠恕、诚信、刚毅、勇敢、自强、进取、勤劳、节俭、谦逊等品德。"六艺"指"礼、乐、射、御、书、数"，即礼仪、音乐、射箭、驭车、书法、算术等方面的内容，它既包括了为人处世、道德品行的教育，又包括了文化知识和实用技能的教育，可谓德、智、体、美并重。孔子的三千弟子中，通晓六艺者七十二人。《史记·滑稽列传》载："孔子曰：'六艺于治，一也。'《礼》以节人，《乐》以发和，《书》以道事，《诗》以达意，《易》以神化，《春秋》以道义。"即孔子认为，这六部经典的教育功能是：《礼》用来调节人的言语和行为；《乐》用来抒发人的感情，使之达到和谐协调；《书》即是《尚书》，用来进行历史教育，使人们知晓历史；《诗》用来表达人们的善良思想感情；《易》用来教导人们懂得并掌握事物变化的规律；《春秋》用来教导人们通晓大义。《六艺》或《六经》虽然各自的内容有所不同，但都包含着道德教育、文化知识教育和社会技能教育，其经世致用、管理国家的宗旨是一致的。孔子以后,七十子如子游、子夏、曾子仍从事教育工作,广收门徒。到战国时期,孟子、荀子两家继续办学,都成为伟大的教育家,对后世产生深远影响。

孔子一生从事教育事业,在周游列国的十四年中,也没有停止过教育活动。他在卫国、陈国先后住了数年的时间并没有从政,弟子就在身边,师生之间随时进行学术研讨。他带领弟子周游列国,开阔了学生的眼界,磨炼了他们的意志,这可以说是一种特殊的教育活动。纵观孔子的一生,他对学生们的影响,一部分是通过言传,通过学习古代文献、传授各种技艺,而更多的、更为深刻的则是身教。他的勤奋好学,他对真理、对理想、对完美人格的追求,他的正直、善良、谦虚、有礼,他对国家的忠诚与对老百姓的关心,都深深地感染着他的学生与后人。严格要求自己,以身作则,既是孔子的高尚师德,也是孔子提出的一条教育原则。孔子爱教育、爱学生,诲人不倦,他能平等对待学生,做到教学相长,孔子是具有高尚师德的一代宗师。在孔子的弟子中,有不少人都干出了一番成就,对于当时的政治,尤其是对于孔子思想的传播,对于儒家文化的形成和发展,起到了重要作用。著名华裔学者、现代新儒家学派代表人物杜维明指出:"……孔子则是将其一生奉献给了转化和改善社会的目的而'学'与'教'的第一人。孔子相信,所有的人类均能够从修身中受益。他开创了培养潜在领导人的人文教育,为所有人打开了受教育的大门,并且将学习界定为不仅只是一种知识的获取，更是一种人格的塑造。"①

　　也正是从孔子始，中国社会对教育的重视无以复加，从每一个家庭到村庄社区，从地方政府到朝廷无不把教育视为最重要的事情。教育对每一个人、每一个家庭都处于非常重要而显赫的地位，只要有条件，上学接受教育是第一位的选择。在一定意义上说，教育为中国的立国之本，是民族生存的命脉，是最神圣的事情。这其中，都有孔子这位中国古代最伟大的教育家、至圣先师的创造性贡献。

（四）独树一帜，独步天下

　　创新精神重要的是要敏锐地发现问题，并善于解决难题，特别是能够在复杂的环境中，发现别人忽略的问题，通过深入研判，找到解决方案，实现突破和创新。

　　齐鲁文化在军事思想上可谓独树一帜，独步天下。特别是齐国，可以称得上是名将辈出，名作众多，理论成熟。齐国军事家层出不穷，自开国之君姜太公算起，可以列出一长串军事名家的名字：管仲、司马穰苴、孙武、孙膑、田单，等等。姜太公是西周初年最为著名的军事家，被公认为我国的兵家始祖。《史记·齐太公世家》记："其事多兵权与奇计，故后世之

---

　　① ［美］杜维明：《东亚价值与多元现代性》，中国社会科学出版社2001年版，第134页。

言兵及周之阴权皆宗太公为本谋。"春秋初期，管仲不仅是当时最为著名的政治家，也是首屈一指的军事家，对于抵御夷狄入侵、保卫华夏民族发挥了重要作用。司马穰苴、孙武都以军纪严明著称于世，孙膑指挥的桂陵之战与马陵之战、田单指挥的火牛阵，也是古代战争的成功范例。正是这些杰出的军事家形成了具有鲜明特色的兵家传统，使齐国在相当长的时期内保持着军事强国的地位。齐国的军事著作是中国军事史上宝贵的财富，托名姜太公的著名军事著作《六韬》，保存了姜太公的基本军事思想，是我国古代重要的军事学典籍。《管子》一书中比较集中地论述军事的有十多篇，如《七法》《幼官》《兵法》《地图》《参患》《制分》《势》《九变》等，集中反映了管仲的军事思想和军事理论。齐威王时，组织力量整理古代的司马法，形成了《司马穰苴兵法》一书。而《孙子兵法》《孙膑兵法》可以说代表了那个时代世界兵学理论的巅峰，对中国兵学文化产生了深远的影响。《孙子兵法》被誉为"兵学圣典""东方兵家鼻祖""世界古代第一兵书"，历史上著名的军事家都深受其影响，而且被外国的军事学家、企业管理者奉为宝典，在实践中广泛应用。

军事思想自成体系。齐国军事思想内容十分丰富，主要有强兵之策、治兵之术和用兵之计等。而重视谋略是齐国军事文化的一大特色。从太公发轫，司马迁在《史记·齐太公世家》中曾说太公辅佐周王推翻商朝时就善于运用权谋和奇妙的计策，后世谈论兵策及周代的秘密权术都推崇太公为最初的策划者；管子和孙子都强调谋略在战争中的重要作用。《管子·幼官》"立于谋，故能实，不可敌"，"明谋而适胜"。认为作战之前，必须对敌我双方的各方面情况进行周密的谋划部署，然后才能出兵作战。他说："故凡攻伐之为道也，计必先定于内，然后兵出乎境。计未定于内，而兵出乎境，是则战之自胜，攻之自毁也。"（《管子·七法》）也就是说，只有运筹帷幄之中，才能决胜千里之外，不打无准备之仗。而要做到这一点，就要"遍知天下"（《管子·七法》），即全面了解敌我双方的情况，做到"四明"（明敌情，明敌政，明敌将，明敌士），只有深入了解了敌人的经济情况、政治情况、将帅的指挥才能、士兵的作战能力，才能采取行动。《孙子兵法》更是将用兵视为一种"诡道"，提出"上兵伐谋"的思想，将"不战而屈人之兵"看作是战争的最高原则，这就要运用智谋，既全面了解敌情，又对自己的力量心中有数；他总结的经验是："知己知彼，百战不殆；不知彼而知己，一胜一负，不知彼不知己，每战必殆。"（《孙子兵法·谋攻》）还要运用奇计："出敌不意，攻敌不备"，以奇制胜，这就是孙武说的："凡战者，以正合，以奇胜。故善出奇者，无穷如天地，不竭如江河。……战势不过奇正，奇正之变，不可胜穷也。奇正相生，如循环之无端，孰能穷之？"

齐国军事思想在继承前人军事思想基础上，又有所发展与创新，极大丰富了我国传统兵学理论，对研究中国传统军事思想有极为重要的参考价值。

创新精神特别重视原创性甚至颠覆性的科技方面的突破，

自由畅想，大胆假设，并付诸实践，为人类文明发展进步开辟新的可能。在这方面，齐鲁两国创造性成果璀璨夺目，令人惊叹。

据考古发现，史前东夷人的发明创造有很多，小至弓、矢、舟、车的发明，中至渔、猎、农、牧、酿造、冶炼技术的创造，大至天文、地理的发现等。鲁国人心灵手巧，能工巧匠颇多。提倡"兼爱""非攻"、创立墨家学派的思想家墨子，同时也是一位勤于动脑善于动手的工匠、一位杰出的科学家，他在力学、几何学、代数学、光学等方面的贡献达到当时世界领先水平。墨子曾巧制木鸢使之飞翔，是后世飞机的雏形。墨子提出的"端""尺""区""穴"等概念，大致相当于近代几何学上的点、线、面、体；墨子和他的学生成功完成了世界上最早的小孔成像光学实验。英国著名科技史学家李约瑟指出："墨家思想所遵循的路线如果继续发展下去，可能已经产生欧几里得式的几何学体系了。"蔡元培评价说："先秦唯墨子颇治科学。"胡适说："墨家论知识，注重经验，注重推论。看《墨辩》中论光学和力学的诸条，可见墨家学者真能作许多实地试验。这是真正科学的精神。"

🔗 知识链接

墨子与中国古代的"飞行器"。据《韩非子·外储说左上》记载："墨子为木鸢，三年而成，蜚（通"飞"）一日而败。弟子曰：先生之巧，至能使木鸢飞！墨子曰：吾不如为车輗者巧也。用咫尺之木，不费一朝之事，而引三十石之任，致远力多，久于岁数。今我为鸢，三年成，蜚一日而败。"意思是：墨子制作一只木头鸟，花费了三年时间，但在天上飞了一天就坠毁了。墨子的弟子说：先生的技艺实在太精妙了，竟然能使木头鸟飞起来。墨子说：其实我不如制作车輗的人技艺高明。他们使用短短的一截木料，花费不到一天的工夫就做成，可以拉动三千多斤的重物，送到很远的地方，力量很充沛，可以使用许多年都不毁坏。如今我制作木头鸟，花了三年时间才制成，飞了一天就毁坏了。

《墨经》中有关科技的条目多达五十余条，内容涉及数学、物理学、心理学、人体科学等多个领域。李约瑟《中国科学技术史》认为，墨子在光学、几何学、力学、十进位制记数法等方面的研究和记述，要大大早于古希腊和印度，与西方近代科学原理几近相同。这从一个侧面说明我国科技学说和科技水平在当时世界上的领先地位。现代学者杨向奎认为："墨子在自然科学上的成就，决不低于古希腊的科学家和哲学家，甚至高于他们。他个人的成就，就等于整个希腊。"墨子由此也被称为"科圣"。现代高等教育的开拓者蔡元培先生评论说："先秦唯墨子颇治科学"。"墨学中断使中国科学不得发达。"墨家所开创的重视科技的文脉如果后来得到应有的重视和延续，自然有助于将中国引向科学昌明、科技发达的文明之路。遗憾的是，自秦汉起特别是汉武帝采纳董仲舒"罢黜百家，独尊儒术"

的文化政策之后，这一科技文脉便逐步被抛弃甚至遭到排斥。

被后人奉为木工、石工、泥瓦工等行业祖师的鲁班（即公输班），据说有十大发明——锯子、曲尺、刨子、墨斗、云梯、石磨、滑轮、锁钥、木鸢、雕刻，这些发明至今仍然被广泛使用。鲁班也有制造木头飞行器的经历，据《墨子·鲁问》记：墨子曾与公输班比技巧，"公输子削竹木以为鹊，成而飞之，三日不下，公输子自以为至巧。"生活在距今 2000 多年以前的墨子和公输班已有这样的想象力和动手能力，让人惊叹。另外，齐鲁文化在天文学、地理学、医学等方面都有创造性的成就，充分说明齐鲁之地人们的勤劳智慧以及开拓进取的伟大创造精神。比如，甘德，战国时齐国人，生卒年不详，大约生活于公元前 4 世纪中期，先秦时期著名的天文学家。他著有《天文星占》8 卷、《岁星经》等。后人把他与石申各自写出的天文学著作结合起来，称为《甘石星经》，是现存世界上最早的天文学著作。书里记录了八百颗恒星的名字，其中一百二十一颗恒星的位置已被测定，是世界最早的恒星表。书里还记录了木、火、土、金、水等五大行星的运行情况，并指出了它们出没的规律，发现木卫三。甘德早伽利略近两千年，而且在没有望远镜的条件下，仅凭肉眼就发现了木星的卫星，真是一个奇迹，在世界天文学史上谱写了光辉的一页。

七、修身重德的人格精神

　　重视修身是齐鲁文化的精髓之一。修身就是修德，指道德上自我提升、人格上自我完善，就是通过陶冶、锻炼自身的道德品质提升素质、完善自我、实现理想人格，进而影响他人、奉献社会。

（一）缘何修身，德立人生

修身能够抑恶彰善、濯污扬清，成就道德高尚之人。古人对人性的认识，说法不一。孔子曰"性相近"，孟子倡"性善论"，荀子主张"性恶论"，秦汉以后，董仲舒、扬雄等则认为性兼善恶。不管怎样，人性只是一个内在的、潜藏的某种可能性，最终成为什么样的人，须下一番结结实实的修身功夫。孔子认为人后天所生长的环境、所接受的教育对其成长至关重要，即所谓"习相远也"（《论语·阳货》）。《尚书·太甲上》曰"习与性成"，也是此意。孟子认为人生而具有仁、义、礼、智四种道德情感，但这四种道德情感只是"善端"，即善的萌芽，能不能显露出来且成长壮大，有待于后天的努力，需要自我修养、爱护、培养。就像树苗需要阳光照耀、雨露滋润，才能长成参天大树；如果斧斤砍伐、牛羊啃食，再好的树苗也会夭折。他说："故苟得其养，无物不长；苟失其养，无物不消"；"虽有天下易生之物也，一日暴之，十日寒之，未有能生者也"（《孟子·告子上》）。荀子认为人生而好利疾恶、有耳目之欲，如果顺从这些天性，就会出现争抢掠夺、残杀暴乱、淫荡混乱之事，故必须制定礼仪法则和制度规范，强制人们遵守。他说："枸木必将待檃栝、烝矫然后直，钝金必将待砻厉然后利。今人之性恶，必将待师法然后正，得礼义然后治。"（《荀子·性恶》）董仲舒认为人性兼善恶，善须后天着力培育才能成就。

他举例说："故性比于禾，善比于米。米出禾中，而禾未可全为米也。善出性中，而性未可全为善也。善与米，人之所继天而成于外，非在天所为之内也。"即是说，虽然善是一种先天的禀赋，若不加以修炼，也可能会成恶。扬雄说得更为简洁明了："人之性也善恶混。修其善则为善人，修其恶则为恶人。"总之，自先秦以来，思想家们不管对人性的认识如何，无一例外都强调后天修养的重要，认为唯有修身才能抑恶扬善，成就世间最高贵的人。

修身是齐家治国平天下的基础。《礼记·大学》谓："古之欲明明德于天下者，先治其国。欲治其国者，先齐其家。欲齐其家者，先修其身。""修身"是"齐家"的基础，因为一个人首先处于家庭关系之中，是家庭中的一员，他或是为人父或是为人子或是为人夫，那么修身之后，足以为一家表率，家庭便自然而然地会治理好；"齐家"是"治国"的前提，因为家庭是社会的最小细胞，家庭是一个小社会，家庭和睦团圆与否，直接关系到社会的稳定与和谐。如果每一个家庭都和和美美、其乐融融，那么就会国家太平、天下太平。孟子把这一过程说得更为直接："人有恒言，皆曰'天下国家'。天下之本在国，国之本在家，家之本在身。"(《孟子·离娄上》)朱熹注曰："身正，则家齐、国治而天下平。"这说明了一个道理，即要想使家齐、国治、天下太平，个人必须拥有良好的道德修养与情操，这是治国安邦的基础。

修身有利于形成良好社会风气。儒家文化特别强调以和为贵，即常怀友爱良善之心，不仅爱亲人、爱朋友，即使是对不相干的他人，也要宽厚仁慈。孔子说："己所不欲，勿施于人。"（《论语·颜渊》）这是一种设身处地的换位思考的方法，已经被视为处理人与人之间关系的道德金律。作为统治者来讲，仁爱主要体现为施仁政，行德治，爱民，亲民，重民。孔子继承周公"皇天无亲，惟德是辅"的德政思想，明确提出"为政以德，譬如北辰，居其所而众星共之"（《论语·为政》）。继而孔子以舟水关系喻君和民的关系，提醒君主们要有危机意识："君者，舟也；庶人者，水也。水则载舟，水则覆舟，君以此思危，则危将焉而不至矣。"（《荀子·哀公》）孟子认为"君行仁政"，则"民亲其上"，就会"仁者无敌"（《孟子·梁惠王下》）。他认为得天下之道在得民，而得民最重要的是得其心，他说："桀纣之失天下也，失其民也；失其民者，失其心也。得天下有道：得其民，斯得天下矣。得其民有道：得其心，斯得民矣。得其心有道：所欲与之聚之，所恶勿施，尔也。"（《孟子·离娄上》）"信"也是五常之一，孔子言："人而无信，不知其可也。大车无輗，小车无軏，其何以行之哉？"（《论语·为政》）輗、軏是车前横木以驾牛马者，车无此二者，则不能行，孔子以此来说明无信之人不能存于世。仁爱、诚实对于营造和谐美好的人际关系、推动社会健康运行，大有裨益。

为政者的修身能够更好地发挥示范群体的表率作用。儒家文化特别重视为政者的道德修养，认为他们具有强大的示范带头作用。有人向孔子问政，孔子回答说："政者，正也。子帅以正，孰敢不正？"(《论语·颜渊》)"正"是对"政"的最佳诠释。正人先正己，执政者自身端正，才可要求百姓端正。要想使政治迅速实行，最好的办法是以身作则，从自己做起。因为为政者具有很强的号召力、影响力，具有广泛的带动作用与示范效应，他的一言一行不是纯粹的个人行为，而是代表着一种风尚、一种榜样，民众不知不觉在模仿学习，所谓"君子所履，小人所视"(《诗经·小雅·大东》)；"君子动而世为天下道，行而世为天下法，言而世为天下则。远之则有望，近之则不厌。"(《中庸》)。如果为政者正直无私、清正廉洁，那么上行下效，民众自然就走正道，即所谓"其身正，不令而行"(《论语·子路》)；如果为政者胡作非为、营私舞弊，那么他在民众眼里就威信扫地，指令也得不到贯彻，即所谓"其身不正，虽令不从"(《论语·子路》)。孔子形象地把为政者的作风比作风，把百姓的作为比作草，指出风向哪边吹，草就向哪边倒："君子之德风，小人之德草。草上之风，必偃。"(《论语·颜渊》)所以说，要想正别人，须先正自己："不能正其身，如正人何？"(《论语·子路》)孟子曾以伯夷、柳下惠为例说明圣贤之士对整个社会风气的良好的影响带动作用："圣人，百世之师也，伯夷、柳下惠是也。故闻伯夷之风者，顽夫廉，懦夫有立志；闻柳下惠之风者，薄夫敦，鄙夫宽。奋乎百世之上，百世之下，闻者莫不兴起也。非圣人而能若是乎？而况于亲炙之者乎？"(《孟子·尽心下》)孟子还强调应把道德修养高尚的人置于领导地位，他说："惟仁者宜在高位。不仁而在高位，是播其恶于众也。"(《孟子·离娄上》) 正因为其地位高、影响大，如果品行邪恶、道德堕落，就极容易把恶劣的影响在更大的范围内传播。

（二）修身之境，止于至善

怎么样才算"身修"？历来说法不一，大体来讲，需要具备仁、义、礼、智、信等诸德行。这五种德行被称为"五常"，孔子《论语》里面多次提到这五个概念，但是没有将它们连在一起。孟子强调"仁、义、礼、智"，将之视为人原本就具有的"善端"："仁义礼智，非由外铄我也，我固有之也。"(《孟子·告子章句上》) 汉代董仲舒在此基础上扩充为"五常"："夫仁、谊（义）、礼、智、信五常之道，王者所当修饬也。"(《汉书·董仲舒传》) 他是从治国理政的角度提出来的，重点在执政者应该具备的道德操守。其后经过不同时代学者的不断发挥，遂成为中国传统价值理念中最基本的道德遵循和最核心的因素。

崇仁。仁是儒家思想的核心，仁的本质是爱人。"樊迟问仁，子曰：爱人"(《论语·颜渊》)；孔子还说："好仁者无以尚之"(《论语·里仁》)，"泛爱众，而亲仁"(《论语·学而》)，由此形成了"仁者爱人"的重要道德规范。爱的内涵很广，爱亲人、爱他人、爱民众、爱社稷、爱自然等。首先爱自己的亲人。儒家文化把孝视为为人之本，《论语》开篇第二章引了孔子弟子有子的话："孝弟也者，其为人之本与！"将孝作为评价人之道德的最基本的出发点。孟子以"亲亲"定义"仁"："亲亲，仁也。"（《孟子·尽心上》）他还说："未有仁而遗其亲者"（《孟子·梁惠王上》），"于所厚者薄，无所不薄也"（《孟子·尽心上》）。他将"父母俱存，兄弟无故"视为"君子三乐"之一（《孟子·尽心下》）。其次要宽待他人。对不相干的他人，要怀有一颗宽厚仁慈、与人为善之心。孔子提出一种设身处地的换位思考方法："己所不欲，勿施于人"（《论语·颜渊》），"己欲立而立人，己欲达而达人。"（《论语·雍也》）孟子所说的"老吾老以及人之老，幼吾幼以及人之幼"（《孟子·梁惠王上》），"爱人者人恒爱之，敬人者人恒敬之"（《孟子·离娄下》）也是此意，都是强调尊重他人，理解他人，勿以势压人，设身处地地为他人着想。

尚义。义有广义狭义之别，广义的义泛指道义，是道德的代名，如"舍生取义"；狭义的义则为"五常"之一，是判断是非善恶的标准和人们行为的价值准则。孔子曰："义者，宜也"（《中庸》）。即按照仁与礼的规范，做应该做的事就是义。尚义就是以义为行为规则，讲原则，讲正义，唯义是从。《管子·牧民》篇提出"礼义廉耻"为国之"四维"，"四维不张，国乃灭亡"。

义往往与其他价值相对应而出，这就面临着选择。当义利相连时，要重义轻利。孔子说："君子喻于义，小人喻于利。"（《论语·里仁》）君子通晓道义，小人通晓利益；"放于利而行，多怨。"（《论语·里仁》）只依据利益来行事，会招来很多怨尤。孟子："王！何必曰利！亦有仁义而已矣。……上下交征利而国危矣！"（《孟子·梁惠王上》）但齐鲁文化并不一般地否定利，而是考虑这利是不是正当途径得来。孔子曰："不义而富且贵，于我如浮云。""富与贵，是人之所欲也；不以其道得之，不处也。"（《论语·里仁》）富有显贵，这是人人都想得到的，无可厚非；但是如果不是以正当途径得来，君子是不会接受的。他还说："富而可求也，虽执鞭之士，吾亦为之。如不可求，从吾所好。"即财富如果可以合理求得的话，即使当手拿鞭子的差役，我也愿意。如果不能合理求得，我还是做自己喜欢的事。强调要"义然后取，人不厌其取""见利思义"（《论语·宪问》），孟子则说："非其义也，非其道也，禄之以天下，弗顾也，系马千驷，弗视也；非其义也，非其道也，一介不以与人，一介不以取诸人。"（《孟子·万章上》）即在利益面前考虑是否应该获取，其标准就是这个利益是否符合道义，合则取，不合则舍，绝不能见利忘义。

当义跟勇相连时，要见义勇为。在面对权势与强暴时，应该坚持真理与正义，无所畏惧。孔子曰："见义不为，无勇也。"（《论语·为政》）"勇者不惧。"（《论语·子罕》）尚义的最高准则是舍生取义，以义为生命的最高价值所在，孔子曰："志士仁人，无求生以害仁，有杀身以成仁"（《论语·卫灵公》）。孟子善养"浩然之气"，"鱼，我所欲也，熊掌亦我所欲也；二者不可得兼，舍鱼而取熊掌者也。生亦我所欲也，义亦我所欲也；二者不可得兼，舍生而取义者也。"（《孟子·告子上》）"居天下之广居，立天下之正位，行天下之大道。得志，与民由之；不得志，独行其道。富贵不能淫，贫贱不能移，威武不能屈，此之谓大丈夫。"（《孟子·滕文公下》）"自反而缩，虽千万人，吾往矣。"（《孟子·公孙丑上》）为追求真理，维护正义，可以舍生忘死，在所不惜。为了理想信念、为了真理可以付出生命的代价。

明礼。礼首先是一整套社会政治生活中的典章制度，用以区别尊卑贵贱，维护社会等级。强调不同等级不同身份的人都要按照礼所规定的准则行事，所谓"非礼勿视，非礼勿听，非礼勿言，非礼勿动"（《论语·颜渊》）。每个人都有各自的规范准则，该做什么，不该做什么，都有明确规定，不能僭越，不能违背，否则便是失礼。礼的另一含义是人们日常生活中的道德规范和行为准则，相当于现在的礼仪。待人接物态度恭敬，谦逊礼让，自谦并尊重别人，无论富贵或贫贱，都互相尊重，这样都成为一些"温良恭俭让"的谦谦君子，那么就会形成"四海之内合敬同爱"的温馨和谐景象。儒家所讲的礼，虽然指的是一种系统化了的外在行为规范，但它与内在的道德精神紧密结合，不能分割。德为礼的内在实质，礼为德的外在表现。离开了内在的德行，礼只能是徒有其表的形式；离开了外在的表现"礼"，德也只能是美好的空谈。只有内在具有很高的道德修养，并能施以外在的礼的行为模式，才能反映出一个人乃至整个社会道德修养和文明进步所达到的境界。

贵智。智者，知也，指的是一种道德认识，是认识仁、义、礼、信等的工具。智的核心功能即明辨是非善恶美丑，从而作出正确的价值选择，树立正确的道德观念。人们在现实生活中，经常会面临一些道德选择，智的作用就是要知道哪些事情"可为"、哪些事情"不可为"，这样才能更好地自主、自择，作出正确的道德决断，不会出现无从选择的现象。之所以强调"智"，是与动物之本能的"类似于道德的行为"相区别，意在突出人之道德的自觉性。即人有理性，能够获得道德认知，使之转化为内在的价值理念，并以此指导自己的行为选择，做到知行合一。

守信。信是孔子提出的为人处世、处理人际关系的基本原则和准则，后来被董仲舒作为"五常"之一，其后便成为最基本的道德规范。作为道德范畴，信的核心内涵是真实无妄。信往往跟诚相连。诚信有两层意思：一是诚，一是信。"诚"首先要真诚：真挚诚恳，以真心待人，没有虚情假意，没有功利之想；其次要坦诚：敞开心扉，光明磊落，正直无私，不隐瞒不虚饰；再次要诚实：老老实实，实事求是，一是一，二是二，不弄虚作假，不掩盖或歪曲事实真相。"信"首先是言语真实可信，许慎《说文》："信，诚也，从人从言"，不说假话，不说大话，不说空话，不哗众取宠，不夸夸其谈，而是有根有据，真实可靠；其次是守信，说到做到，履行承诺，所谓言必信、行必果，一诺千金，不欺人。诚信是一个人最基本的道德品质，是做人的基本道理。人无信不成其为人，人无信不能立足于世。孔子曰："人而无信，不知其可也，大车无輗，小车无軏，其何以行之哉？"（《论语·为政》）輗、軏是车前横木以驾牛、马者，车无此二者，则不能行，以此来说明无信之人不能存于世。孟子对诚信也有论述，他说："诚者天之道也。思诚者人之道也。至诚而不动者，未之有也；不诚未有能动者也"。意思是说，诚是天道的本然，追求诚是人的本性，只有诚才能感动人，不诚则不能感动人。《孟子》记载了战国时许行的职业道德观点："虽使五尺之童适市，莫之或欺。布帛长短同，则贾相若；麻缕丝絮轻重同，则贾相若；五谷多寡同，则贾相若；屦大小同，则贾相若。"（《孟子·滕文公上》）要求人们在职业活动中做到价格公平合理，童叟无欺。荀子曾对"诚"作过一番高屋建瓴的归纳："君子养心莫善于诚，至诚，则无它事矣。……天地为大矣，不诚则不能化万物；圣人为知矣，不诚则不能化万民；父子为亲矣，不诚则疏；君上为尊矣，不诚则卑。夫诚者，君子之所守也，而政事之本也。"（《荀子·不苟》）诚信是社会得以健康运行的基础，是维护社会秩序的润滑剂。如果人与人之间缺乏起码的信任，相互弄虚作假，勾心斗角，尔虞我诈，到处是陷阱，到处是欺诈，人人自危，处处缺乏安全感，也就不能保证正常的生产生活秩序，社会无法运转，更无法向前发展。

在这种观念支配下，山东人以诚信著称，特别是著名的鲁商们，树立了诚实守信、以义致利的美誉口碑。他们从不把获利作为商业活动的唯一目的，更不会为了利而不择手段，而是正道直行，以义取利，义为利先，义利兼顾；而且把经商谋利与"博施济众"结合起来，认为"博施于民，而能济众"（《论语·雍也》）树立了山东商人良好的形象。

🔗 知识链接 ·······························

　　信如尾生。《庄子·杂篇·盗跖》载："尾生与女子期于梁下，女子不来，水至不去，抱梁柱而死。"大意是说春秋时期鲁国有个叫尾生的男子，和女子定在一桥下约会，女子迟迟未来，不料此时河水上涨，尾生为信守诺言仍不离去，直至抱着桥柱被淹死了。后用"尾生抱柱"一词比喻坚守信约，至死不渝。亦作"信如尾生"。

　　重俭。节俭是中华民族的传统美德，齐鲁文化有崇尚节俭的传统。《国语·鲁语》记载了"季文子论妾马"的生动故事。鲁国大夫季文子担任鲁宣公、鲁成公的国相，婢女不穿丝绸的衣服，马不吃精饲料。仲孙它对季文子说：你是鲁国的上卿，做了两代君王的国相。你的婢女不穿丝绸的衣服，马不吃精饲料，国人认为你是一个吝啬的人，国家也有失体面吧。季文子说：我也愿意生活奢侈一些，但我看到父老乡亲们吃粗粮、穿陋衣的还大有人在，因此我不敢追求享乐。父老乡亲们吃粗粮、穿破衣服，而我却把我的婢女和马打扮得美丽华贵，那不是辅佐国君的人该做的事。况且我只听说以高尚的德行为国家增光添彩，没有听说过以婢女和马的华丽来为国增光的。季文子把这一切告诉仲孙它的父亲孟献子，孟献子关了仲孙它七天。自此以后，仲孙它的妾穿的都是粗劣的布衣，喂马的饲料都不过是杂草。季文子知道这件事后，说：犯了错误能及时改正的人，就是人上人了。于是推荐仲孙它担任上大夫。在季文子的倡导下，鲁国朝野出现了俭朴的风气，并为后世所传。范晔在《后汉书》中评价说："季文子妾不衣帛，鲁人以为美谈。"季文子去世后，根据大夫入殓的礼仪，由鲁襄公亲自监临。家臣收集家里的器物作为葬具，家里压根没有铜器玉器，其他用具没有两件相同的。人们由此知道，季文子对于国家是真正的忠诚，季文子的清廉，是真正的清廉。季文子从公元前601年至前568年共在鲁国执政33年，辅佐鲁宣公、鲁成公、鲁襄公三代君主，位高权重，但他忠心耿耿，心系社稷，克勤于邦，克俭于家，表里如一，成为后世美谈。

晏婴，历任齐灵公、齐庄公、齐景公三朝卿相，辅政长达五十余年。晏子一生恪守清廉节俭，生活极为俭朴，对家人严格要求，不仅得到了百姓的衷心拥护，而且影响带动了整个齐国的社会风气，以至于几千年来不少商号在大门上镌刻"陶朱事业，晏子家风"这一副对联。晏子生活十分俭朴，吃的是粗茶淡饭，穿的是粗布衣，一件裘皮大衣，居然穿了三十年，《礼记注疏》卷九中孔子的弟子有若评价说："晏子一狐裘三十年"。后人用"晏子裘"来概括为人节俭朴素的品行。唐代高适《东平旅游奉赠薛太守二十四韵》："不改任棠水，仍传晏子裘。"据《晏子春秋·内篇杂下》第二十六记载：晏子虽贵为相国，吃的是粗糠米、烤鸟肉、颗盐、苔菜而已。景公听说后到晏子家吃饭，看到了晏子的饭食，说：先生家里如此贫困，我却不知道，这是我的罪过。晏子回答说：因为世上还有吃不饱的，能吃饱粗糠饭，就是我的第一点满足；能吃上烤鸟肉，是我的第二点满足；有盐吃，是我的第三点满足。我没有高于别人的德行，却有这些食物，您的恩赐很丰厚了，我家不贫困。

晏子虽为一国之相，一直乘坐破旧马车，"晏子朝，乘弊车，驾驽马"。齐景公见了问：是不是你的俸禄不够用啊？晏婴回答：依靠您的赏赐，我能吃得饱、穿得暖，有这样的车马乘坐，我已经很满足了。齐景公派人给晏子送去四匹马拉的大车，先后多次被晏子拒绝，景公问其原因，晏子回答说：您让我治理群臣百官，我节制衣服饮食的供养，为齐国百姓作出表率，然而还是担心百姓会奢侈浪费而不考虑自己的行为是否合适。现在我再乘坐四匹马拉的大车，对于奢侈浪费的行为，就更没有办法禁止了。

庆氏逃亡后，齐国的大臣们瓜分他的封邑，晏子不要。有人问他，你难道不想要富贵吗？晏子回答说，欲望太过满足，往往就要灭亡，那么我现在所拥有的一邑也将不是我的了。不接受财富，不是厌恶财富，而是怕失去财富。另有两家强族被灭，有人建议将他们的财产私自分掉，来问晏子的主意，晏子劝说他归还景公。晏子说，廉洁是为政的根本，无谓地蓄积财货就会生出灾害，只有正义才可以长久保存自己。晏子退休的时候，要归还食邑。景公不同意，说齐国自建国以来还没有这样的先例，不想破坏制度。景公不仅不允许晏子退回食邑，而且还想仿照桓公赏赐管子的做法也赐给晏子三处住宅，晏子坚决不答应。

晏子一生节俭，对家人的要求也极为严格。晏子病将死，留给他的妻子的遗言是："吾恐死而俗变，谨视尔家，毋变尔俗也。"就是告诫他的妻子谨慎持家，不要改变节俭的习惯。晏子留给子孙们的遗书："布帛不可穷，穷不可饰；牛马不可穷，穷不可服；士不可穷，穷不可任；国不可穷，穷不可窃也。"告诫后代，居家要节省，布匹、丝绸不能奢侈浪费，否则用完了就没有衣服穿；牛马不能让其太劳累，否则就不能用了；作为士人不能太过穷困，否则不能担当重任；国家不能物质匮乏，国家贫穷，国民就难以生存，国家就要灭亡。

晏子辅政五十余年，始终严于律己，清心寡欲，奉行节俭，对齐国风气产生了积极影响。史书记载齐地汉以后尚俭、倡廉，与晏子移俗不无关系。

正直。齐鲁文化对正直的要求，一是内心要磊落坦荡，不搞阴谋诡计："君子坦荡荡，小人常戚戚"（《论语·述而》）。二是行为要光明正大，不弄虚作假，不走歪门邪道。子游（时任武城宰）向孔子赞扬自己手下一个叫澹台灭明的人时说：（这个人）"行不由径，非公事，未尝至于偃之室也。"（《论语·雍也》）即：这个人做事不抄小路，不走后门，不弄关系，不是公事，从来不到他的办公室去。无疑，这是孔子倡导与欣赏的作风。三是敢于坚持正义与原则，敢说真话，敢做敢当，不虚与委蛇："君子和而不同，小人同而不和"（《论语·子路》）；"当仁，不让于师"（《论语·卫灵公》）。孔子很痛恨那种两面三刀的"好人"，称之为"乡愿"，是"德之贼"。四是不阿谀逢迎，对君主，可以犯颜直谏，但不要欺骗他："勿欺也，而犯之"（《论语·宪问》）；正道直行，不屈从权势，孟子说："君之视臣如手足，则臣视君如腹心；君之视臣如犬马，则臣视君如国人；君之视臣如土芥，则臣视君如寇仇。"（《孟子·离娄下》）

廉洁。为政者掌管一方权柄，眼前往往充满了各种诱惑，如果稍加放纵，就会产生一些不良后果："放于利而行，多怨"，即只依据利益来行事，会招来很多怨恨。欲望太多会削弱一个人的品德："枨也

明人绘《三圣像》。中间老者为孔子，站立者左为弟子颜回，右为弟子曾参，三人的衣服上用工笔小楷写着整部《论语》（孔子博物馆藏）

欲，焉得刚？"（《论语·公冶长》）申枨是孔子的一个弟子，有人认为申枨是一个刚毅不屈之人，孔子认为不然，因为申枨欲望太多，做不到刚毅不屈。孔子向来不重物质利益，名利心淡薄。"子罕言利。"（《论语·子罕》）他对感官享受看得很淡："食无求饱，居无求安。"（《论语·学而》）"饭疏食饮水，曲肱而枕之，乐亦在其中矣。"（《论语·述而》）他主张先好好工作再来谈物质的东西："事君，敬其事而后其食。"（《论语·卫灵公》）他瞧不起那些一味注重吃喝玩乐的人，认为他们没有出息："士志于道，而耻恶衣恶食者，未足与议也。"（《论语·里仁》）对那些不讲究吃穿的人，孔子总是衷心表达他的尊敬之情，即使是自己的弟子，也不吝赞美之词，如对颜回。（《论语·雍也》）孟子也说："养心莫善于寡欲。其为人也寡欲，虽有不存焉者，寡矣；其为人也多欲，虽有存焉者，寡矣。"（《孟子·尽心下》）

 知识链接

孔颜乐处。孔子不看重外在的物质享受，他对这样的人亦多赞美之词。《论语·雍也》载："子曰：贤哉，回也！一箪食，一瓢饮，在陋巷。人不堪其忧，回也不改其乐。贤哉，回也！"孔子称赞颜回使用非常简陋的竹器吃饭，用瓢饮水，住在陋巷，别人忍受不了这种困苦，颜回却能自得其乐。宋代理学家周敦颐将孔子和颜回的这种快乐概括为"孔颜乐处"，主要指一种超越物质享受的精神快乐，即使在艰难困苦的条件下，也能因为坚持道义和追求精神层面的满足而感到快乐，体现出安贫乐道、达观自信的处世态度与人生境界。

豁达。山东人向有豁达淳朴的美名。豁达的一个表现是心胸宽广，光明磊落，仰不愧天，俯不怍人，故而不猜疑，不抱怨，不嘀咕，坦然从容，所谓"君子不忧不惧"（《论语·颜渊》）。能包容，能忍受委屈，别人暂时不了解自己也不生气："人不知而不愠"（《论语·学而》），"君子病无能焉，不病人之不己知"（《论语·卫灵公》）。对一切看得开，不患得患失，得到了不会沾沾自喜，欣喜若狂，得意忘形；也不会因失意挫折，而垂头丧气，一蹶不振，如丧考妣。潇洒大度，拿得起，放得下，不计较一时一地的得失，目光长远。正因为这样，才会拥有一个从容坦荡、恬静自然的外部形象气质。比如孔子，就是一个性情温和安详稳重的人，不急不躁，温文尔雅，这从他的弟子们的眼里和《论语》的记载可以看出。子贡说老师："夫子温、良、恭、俭、让。"（《论语·学而》）在日常生活中，孔子一派悠柔和悦的姿态："子之燕居，申申如也，夭夭如也。"（《论语·述而》）即是说：孔子闲居时，穿戴很整齐，一副舒适和乐的模样。他很少有疾言厉色，大发雷霆的时候，"子温而厉，威而不猛，恭而安。"（《论语·述而》）

因为性情豁达，所以宽容大度，磊落坦荡，有君子之风。孔子说："君子坦荡荡，小人常戚戚。"（《论语·述而》）君子心胸宽广，小人老是忧愁烦恼。为什么这样？因为君子心胸豁达，心底无私，问心无愧。当然也不骄横，不盛气凌人，更不以势欺人，"君子泰而不骄，小人骄而不泰。"（《论语·子路》）孔子自己就是谦虚的典范，他满肚子的学问，却不耻下问，他说："三人行，必有我师焉：择其善者而从之，其不善者而改之。"（《论语·述而》）

严于律己，宽以待人。修身最重要的是从自我做起，严以律己，凡事先从自己身上找原因，时时无情地剖析自己。孔子有句很有名的话"克己复礼"，就是克制自己欲望，按照道德规范行事，这样就能达到一种很高的精神境界。像曾子那样每日"三省吾身"："为人谋而不忠乎？与朋友交而不信乎？传不习乎？"（《论语·学而》）孔子主张多作自我反省、自我批评、自我约束，留下了许多让后人津津乐道的名言警句："见贤思齐焉，见不贤而内自省也。"（《论语·里仁》）看到贤人就向他看齐，看到不贤的人就从内心作自我反省。"躬自厚而薄责于人，则远怨矣。"（《论语·卫灵公》）重责备自己，轻责备别人，怨恨就不会来。"不患无位，患所以立。不患莫己知，求为可知也。"（《论语·里仁》）如果出现了不该出现的问题，犯了不该犯的错误，应该怎么对待？孔子提出善"改过"。他说："过则勿惮改"（《论语·学而》）。如有他人指出他的毛病，他非但不生气，反而很高兴，他说："丘也幸，苟有过，人必知之。"（《论语·述而》）孟子继承了孔子，提出"反求诸己"的观点，他说："爱人不亲，反其仁；治人不治，反其智；礼人不答，反其敬。行有不得者皆反求诸己，其身正而天下归之。"

（《孟子·离娄上》）就是说我爱别人，别人却不亲近我，那得反问自己，仁爱不够吗？我管理别人，没管好，需反问自己，智慧和知识不够吗？我有礼貌地对待别人，却得不到相应的回答，要反问自己，恭敬还不够吗？任何行为如果没有得到预期的效果都要反躬自责。苛责于己，自我检讨自我批评，找出自己做得不够好的地方，进而修正自己完善自己，而不是推脱责任，怨天尤人。这种境界说起来容易做起来难，所以孔子感慨地说："以约失之者鲜矣。"（《论语·里仁》）因约束自己而犯过失，这是少有的。"已矣乎，吾未见能见其过而内自讼者也"（《论语·公冶长》）；"吾未见好德如好色者也"（《论语·子罕》），这真是一个莫大的遗憾。修身应该通过不断的克制反省，将自己身上的毛病连根拔起。明代大儒王阳明说，去除私心杂念，就要有"省察克治之功"与"扫除廓清之意"："无事时，将好色好货好名等私，逐一追究搜寻出来。定要拔去病根，永不复起，方始为快。常如猫之捕鼠，一眼看着，一耳听着，才有一念萌动，即与克去。斩钉截铁，不可姑容与他方便、不可窝藏、不可放他出路，方是真实用功，方能扫除廓清。到得无私可克，自有端拱时在"。

（三）修身之道，锲而不舍

修身是一个贯穿人生始终的复杂过程，是一个"文化"的过程，化的是人心，影响的是人的灵魂，需要时间、耐心、功夫，需要一点一滴、踏踏实实、一步一个脚印地去做工作。

儒家文化提出了一系列修身的途径与方法，概括起来主要有：

修身需要自我努力。孔子曾说："为仁由己，而由人乎哉？"（《论语·颜渊》）仁是孔子确立的修身所能达到的最高的道德标准，修身主要取决于个人，而不是其他人。孔子还说："仁远乎哉？我欲仁，斯仁至矣。"（《论语·述而》）对于一般人来讲，仁似乎高不可攀，遥不可及，难以实现，实则不然，仁就在每个人的心里，只要心中存仁，按照仁的标准去做，向着仁的目标不断努力，那么仁就召之即来了。所以修身只是一个愿不愿意去做的问题，而不存在能不能的问题。孟子说："挟太山以超北海，语人曰'我不能'，是诚不能也。为长者折枝，语人曰'我不能'，是不为也，非不能也。"（《孟子·梁惠王上》）

孔子七十岁时，对自己一生进行总结，认为"十有五而志于学，三十而立，四十而不惑，五十而知天命，六十而耳顺，七十而从心所欲，不逾矩"。这一过程，是一个随着年龄的增长，思想境界逐步提高的过程。就思想境界来讲，整个过程分为三个阶段：十五岁到四十岁是学习领会的阶段；五十、六十岁是安心立命的阶段；七十岁是主观意识和做人的规则融合为一的阶段，道德修养达到了最高的境界。孔子的道德修养过程，颇能给人启发：第一，他看到了人的道德修养不是一朝一夕的事，不能一下子完成，不能搞突击，要经过长时间的学习和锻炼，要有一个循序渐进的过程。第二，道德的最高境界是思想和言行的融合，自觉地遵守道德规范，而不是勉强去做。这两点对任何人，都是适用的。

修身需要自我克制，自我反省。"颜渊问仁。子曰：'克己复礼为仁。一日克己复礼，天下归仁焉。为仁由己，而由人乎哉？'颜渊曰：'请问其目。'子曰：'非礼勿视，非礼勿听，非礼勿言，非礼勿动。'"（《论语·颜渊》）就是要克制自己的私欲，使自己的视、听、言、动均合乎礼义规范，这样便是有仁德的人了。中国台湾学者韦政通先生说：孔子的"克己复礼为仁"意谓着"只要能克制造成人心麻痹堕落的私欲，重建与礼的谐和关系，就可以算是仁。……克己的修养是儒家内圣之学的起点，也是内圣之学的终点。因为在道德生活中，克己的工夫是一持久性的过程，在人的一生中，绝没有完成的时候，'文王之德之纯，纯亦不已'，就是这个意思。"但人非圣贤，孰能无过？若是出现了不该出现的问题，犯了不应犯的错误，应该怎么办？孔子的主张是"过则勿惮改"（《论语·学而》），即勇于改过。如有人能指出自己的毛病，孔子就会很高兴："丘也幸，苟有过，人必知之。"（《论语·述而》）从自我做起，严以律己，时时无情地剖析自己，孔子留下了许多让后人津津乐道的名言警句："见贤思齐焉，见不贤而内自省也。"（《论语·里仁》）"躬自厚而薄责于人，则远怨矣。"（《论语·卫灵公》）

修身需要不断学习，充实自己，提高能力。孔子特别强调学习的重要性，《论语》开篇第一章就讲："学而时习之，不亦乐乎？"（《论语·学而》）学习是一件让人快乐的事情，但坚持下来却不那么容易。他曾不客气地说："十室之邑，必有忠信如丘者焉，不如丘之好学也。"（《论语·公冶长》）。在回答别人对他博学多识的好奇时，他说："我非生而知之者，好古，敏以求之者也。"（《论语·述而》）孔子是活到老、学到老的典范，他说自己"发愤忘食，乐以忘忧，不知老之将至"（《论语·述而》）。他时时处处学习，乐于拜师求教，曾自称："三人行，必有我师焉"（《论语·述而》）。其弟子子贡尝说："夫子焉不学？而亦何常师之有？"（《论语·子张》）孔子将学习的重要性总结为："好仁不好学，其蔽也愚；好知不好学，其蔽也荡；好信不好学，其蔽也贼；好直不好学，其蔽也绞；好勇不好学，其蔽也乱；好刚不好学，其蔽也狂。"（《论语·阳货》）就是说：仁爱、聪明、诚实、勇敢、刚强都是好品质，但如果不注意学习，不注意在学习的过程中加以巩固和提高，也会产生各种弊端。

修身要持之以恒，永不放弃。立志修身不是一时一事，而是贵在坚守，有坚强的意志，知难而进，锲而不舍。《尚书·说命中》曰："非知之艰，行之惟艰。"在行的过程中，要时时刻刻小心警惕："战战兢兢，如临深渊，如履薄冰"（《诗经·小雅·小旻》），一旦确立了目标，就要马上行动起来，并且脚踏实地，从小处做起："道虽迩，不行不至；事虽小，不为不成"（《荀子·修身》）。要坚持不懈。孔子曰："譬如为山，未成一篑，止，吾止也；譬如平地，虽覆一篑，进，吾往也。"（《论语·子罕》）朱熹注曰："学者自强不息，则积少成多；中道而止，则前功尽弃。其止其往，皆在我而不在人也。"（《论语集注》）如果遇难而退，等于自暴自弃，这种人不会成就任何事情："自暴者，不可与有言也；自弃者，不可与有为也。"（《孟子·离娄下》）修身是一个永无止息的漫长过程，在人生的每一个阶段都有应该注意克服的问题。孔子说："君子有三戒：少之时，血气未定，戒之在色；及其壮也，血气方刚，戒之在斗；及其老也，血气既衰，戒之在得。"（《论语·季氏》）意思是说：年轻时，欲望强一些，儿女情长多一些，易沉湎女色不能自拔；壮年以后，争强好胜，天不怕地不怕，容易引起争斗；年老了，容易产生居功自傲心理，躺在功劳簿上倚老卖老。"得"字的内涵非常复杂："得"意忘形、志"得"意满、"得"意洋洋、患"得"患失等，可当贪"得"无厌之时，就有可能落得一个"得"不偿失，悔之莫及。

🔗 **知识链接**

戒之在得。康熙皇帝晚年御用玺印即"戒之在得"，是其内心忧患意识的体现。康熙皇帝的孙子乾隆皇帝在乾隆四十五年（1780年）命名避暑山庄"戒得堂"。

清康熙帝"戒之在得"印

总之，只有经过艰苦不辍、持之以恒的自觉修炼，才有可能成为道德高尚之人，成为知耻向荣之人；而只要每一个人都养成良好的道德习惯，自觉向善，远离邪恶，就会形成良好的道德习俗与道德氛围。

当然，仅仅做一个道德修养高的好人远远不够，还要保持昂扬向上的精神风貌，拥有积极健康的人生态度，奋发有为、建功立业，最大限度实现人生价值。这就是《周易》所言："天行健，君子以自强不息"，意谓大自然春夏秋冬四季轮回生生不息，每时每刻都在向前运行发展，从来不会停下脚步，人也一样，永远不要停止追求进步的脚步。自强不息、刚健有为是中华文化的鲜明精神风貌，也是齐鲁优秀传统文化价值观念的深层次内容。

八、民贵君轻的民本精神

"以民为本"是齐鲁文化的思想精华之一。"民贵君轻"思想是亚圣孟子首先提出来的,《孟子·尽心下》有这样一句话:"民为贵,社稷次之,君为轻。"孟子当然不是要否定君权,而是出于维护统治的目的,但是间接地也起到了保护人民利益、尊重人民生存权利的作用。这一思想对后世影响巨大,自此以后,保护人民利益、尊重人民生存权利、让人民过上富足生活、使国兴邦安成为统治者考虑的重点,成为社会普遍的价值标准。

（一）民惟邦本，本固邦宁

充分肯定民的重要性，认为民是主体，人君之居位，必须得到民众的同意，保民、养民是人君的最大职责。

齐文化中有关"爱民"的议论俯拾即是。据《说苑·政理》记："武王问于太公曰：'治国之道若何？'太公对曰：'治国之道，爱民而已。'曰：'爱民若何？'曰：'利之而勿害，成之勿败，生之勿杀，与之勿夺，乐之勿苦，喜之勿怒，此治国之道。……故善为国者，遇民如父母之爱子，兄之爱弟，闻其饥寒为之哀，见其劳苦为之悲。'"就是说，对待百姓如同自己的兄弟姐妹，爱之亲之，怜之惜之，以其喜为喜，以其悲为悲。《管子·小匡》载齐桓公问管仲为政从何而始，管仲回答："始于爱民。"

管子提出"以人为本"思想，指出："夫霸王之所始也，以人为本。本理则国固，本乱则国危。"这个"以人为本"，就是以人民为本。儒家经典著作《尚书》提出："民惟邦本，本固邦宁"（《尚书·五子之歌》），以百姓为国家的根本，只有基础稳固了，国家才能长治久安。《尚书》还有"民之所欲，天必从之"的话（《尚书·泰誓上》），意谓天意即民意，天之意志即民之意志的体现，民众所希望的事情，上天也必将顺从，民意不可违背。统治者应当把民放在重要位置上，因为"国将兴，听于民"，国家的兴旺发达是与百姓相联系的，是由百姓所决定的。

 知识链接 ••

　　王者何贵。齐桓公问管仲曰:"王者何贵?"曰:"贵天。"
桓公仰而视天。管仲曰:"所谓天者,非谓苍苍莽莽之天也。
君人者,以百姓为天。百姓与之则安,辅之则强,非之则危,
背之则亡。"这段记载出自西汉刘向《说苑》。意思是说,君王
应把百姓当作天。对于一个国家来说,百姓亲附,就可安宁;
百姓辅助,就能强盛;百姓反对,就很危险;百姓背弃,就要
灭亡。意在说明国家社稷的安危最终决定于人民。统治者只有
以民为天,国家才能安定,才能发展,才能强大;反之,就有
危险,甚至有亡国之忧。

　　孔子用舟和水的关系比喻君和民的关系,他说:"君者,
舟也;庶人者,水也。水则载舟,水则覆舟,君以此思危,则
危将焉而不至矣。"(《荀子·哀公》)君主是船,民众是水,船
靠水托起,没有水,船就会搁浅,寸步难行;而且平时看上去
柔弱的水蕴藏着巨大的力量,在特定的时刻会将船毫不留情地
打翻。那么执政者应该注意民众的力量,注意改善与人民的关
系,要爱护人民,不要横征暴敛。鲁国的季氏要增加赋税,派
冉求征求孔子的意见,孔子反对,但冉求并没有对季氏的行
为加以劝阻。于是孔子生气地说:"季氏富于周公,而求也为
之聚敛而附益之。子曰:非吾徒也。小子鸣鼓而攻之,可也。"

（《论语·先进》）孔子很少出此激烈的言辞，特别是对自己的弟子，说明他对冉求失望至极，更说明他非常痛恨向民众搜刮钱财这种行为，认为是不可饶恕的。

孟子认为得天下之道在得民，积极推行儒家的仁政措施，主张国君要实行"仁政"。与民"同乐"，则"民亲其上"，就会"仁者无敌"（《孟子·梁惠王下》）。他对欲兴征伐的梁惠王说："王如施仁政于民，省刑罚，薄税敛，深耕易耨；壮者以暇日修其孝悌忠信；入以事其父兄，出以事其长上，可使制梃以挞秦楚之坚甲利兵矣。……彼陷溺其民，王往而征之，夫谁与王敌？故曰仁者无敌。"（《孟子·梁惠王上》）意谓若施行仁政，就能无敌于天下。他说："桀纣之失天下也，失其民也；失其民者，失其心也。得天下有道：得其民，斯得天下矣。得其民有道：得其心，斯得民矣。得其心有道：所欲与之聚之，所恶勿施。"（《孟子·离娄上》）这一段话从正反两方面说出了民与天下的关系：第一是为何失天下？失天下缘于失民，而失民缘于失民心；如何得天下？须得民，得民须得其心，得其心须满足他们的要求，不要强加给他们不喜欢的东西。贵民的思想达到极致便是著名的"民为贵，社稷次之，君为轻"（《孟子·尽心下》）。这种民本思想像一道闪电，照亮了中国封建社会的沉沉暗夜。据说明太祖朱元璋读到这句话时勃然大怒："使此老在今日，宁得免乎？"并命人删去书中反对苛政与霸道的言论85条，禁用所删内容作为科举考试命题。孟子当然不是要否定君权，其最终目的是维护政权，但民为贵的思想对后世影响非常大，保护百姓利益、尊重百姓生存权利成为执政者考虑的重点。生于鲁长于鲁的孟子能发出如此振聋发聩之言，说明齐鲁文化有产生此思想的土壤，也说明齐鲁文化的开明与豁达。

（二）贵民爱民，民心所向

爱民亲民、关心民生疾苦是民本思想的重要方面。

要设身处地地为民着想。朝廷制定法令一定要从民情出发，考虑到民众的实际需要，是否能让民众得到实惠，否则便会陷入令不行禁不止的尴尬局面。《管子·形势解》说："法立而民乐之，令出而民衔之，法令之合于民心，如符节之相得也。""人主之所以令则行，禁则止者，必令于民之所好，而禁于民之所恶也。""令之所以行者，必民乐其政也。"就是说制定法令要基于百姓喜欢、对百姓有利的前提下，这样法令就会很自然地得到遵守。另外，制法者必须以身作则，身体力行，在遵守法律方面作出表率，这样才会有说服力与号召力，民众也才会心服口服，法令也才会得到施行。要省刑罚，薄赋敛。《管子·小匡》说："省刑罚，薄赋敛，则民富矣。"《管子·五辅》中也说："薄征敛，轻征赋，弛刑罚，赦罪戾，宥小过，此谓宽其政。"民既富且安，国家也会大治。

保证让人民吃饱穿暖，否则就是不称职。孟子说："庖有肥肉，厩有肥马，民有饥色，野有饿莩，此率兽而食人也。兽相食，且人恶之；为民父母，行政，不免于率兽而食人，恶在其为民父母也?"(《孟子·梁惠王上》)统治者饫甘餍肥,老百姓却连基本的生活保证都没有,这是失职,不能叫什么父母官。进而孟子对梁惠王说:"王如施仁政于民,省刑罚,薄税敛,深耕易耨;……仁者无敌。"对人民施行仁政,那么国家就强大无比。要让民众服从统治,最好的办法就是使民众富裕。《孟子·梁惠王上》说:"明君制民之产,必使仰足以事父母,俯足以畜妻子;乐岁终身饱,凶年免于死亡。然后驱而之善,故民之从之也轻。"能养活父母妻子是基础,如果连这个最基本的生活需求也得不到满足,那么就不能抱怨民众之不配合了。孟子认为物质的丰足是保证人们向善的基础。《孟子·尽心上》说:"民非水火不生活,昏暮叩人之门户求水火,无弗与者,至足矣。圣人治天下,使有菽粟如水火。菽粟如水火,而民焉有不仁者乎?"人们的道德水平与物质生活水平密切相关,当人们的物质生活水平极大提高时,人们的思想道德水平也会相应地提高,这种物质决定意识的思想包含着朴素的唯物辩证法因素。

孟子民本思想的可贵之处在于他不是一般地要求满足民众的物质需要,而且要求从精神上从人格上尊重他们,将他们视为有独立意志与尊严的平等的人。他说君王应该"与百姓同乐",因为"乐民之乐者,民亦乐其乐;忧民之忧者,民亦忧其忧。乐以天下,忧以天下,然而不王者,未之有也。"(《孟子·梁惠王下》)君与民的关系是对等的,绝不是一方高高在上、发号施令,一方则在下面无条件地被迫接受。"君行仁政",

则"民亲其上"(《孟子·梁惠王下》)，前者是前提，后者是结果，关系不能颠倒。

（三）富民教民，国泰民安

齐鲁文化注意到人的趋利避害的本性，《管子》直截了当地指出人有好逸恶劳、追求享乐与富贵的本性。"民恶忧劳，我佚乐之；民恶贫贱，我富贵之；民恶危坠，我存安之；民恶灭绝，我生育之。……故从其四欲，则远者自亲；行其四恶，则近者叛之"(《管子·牧民》)。如果统治者满足了民众的愿望要求，那么民众就肯归顺；否则国内的人也会起叛乱。在《版法解》中又提出人有追逐利益的本性："凡人者莫不欲利而恶害"；《禁藏》篇进一步借商人活动加以发挥道："夫凡人之情，见利莫能勿就，见害莫能勿避。其商人通贾，倍道兼行，夜以续日，千里而不远者，利在前也。渔人之入海，海深万仞，就波逆流，乘危百里，宿夜不出者，利在水也。故利之所在，虽千仞之山，无所不上；深源之下，无所不入焉。"即是说只要对人的趋利本性加以引导，就会调动出无穷的积极性。

要富民。《管子·治国》说："治国之道，必先富民。"因为"民富则易治也，民贫则难治也。""民富则安乡重家，安乡重家则敬上畏罪，敬上畏罪则易治也。民贫则危乡轻家，危乡轻家则敢凌上犯禁，凌上犯禁则难治也。故治国常富，而乱国常贫。是以善为国者，必先富民，然后治之。"(《管子·治国》)

这其实是一种朴素的唯物论思想：物质资料的生产是决定其他一切的根本，只有解决了衣食住行等基本的生存需要，才能侈谈其他。然而，"富之"的目的还在于用之，《管子·侈靡》篇中这层意思表达得甚是明白："饮食者也，侈乐者也，民之所愿也。足其所欲，赡其所愿，则能用之耳。今使衣皮而冠角，食野草，饮野水，庸能用之？伤心者不可以致功。"这与《管子》的经典名言"仓廪实而知礼节，衣食足而知荣辱"是同一道理。司马迁《史记·货殖列传》在引用这两句话时又加以评论道："礼生于有而废于无。故君子富，好行其德；小人富，以适其力。渊深而鱼生之，山深而兽往之，人富而仁义附焉。……故曰：'天下熙熙，皆为利来；天下攘攘，皆为利往。'夫千乘之王，万家之侯，百室之君，尚犹患贫，而况匹夫编户之民乎？"民生关乎民德，物质生活富裕了，好人好事多，道德楷模、志愿者多。民众只有衣食无忧，安居乐业，才能有条件注重礼仪、明辨荣辱。

在这种思想指导下，齐国十分注重发展经济，成为当时威震天下的大国强国。

源于经济的繁荣，物质的丰厚，国力的强盛，齐国有泱泱大国之风，齐人也多呈现出一种自由洒脱豁达豪放的风姿神貌。在当时就有不少著名的学者对齐国和齐人做了形象描绘。《孟子·尽心上》有一段描述孟子初到齐国时的感觉："孟子自范之齐，望见齐王之子，喟然叹曰：'居移气，养移体，大哉居乎！夫非尽人之子与？'"人在不同的环境下生长，会有不同的精神面貌。接下来孟子又进一步发挥道："王子宫室、车马、衣服多与人同，而王子若彼者，其居使之然也。"这个"居"有精神氛围的意思，因为孟子紧接着就提到了比较抽象的以仁为自己居所的人。齐王子不仅所处的外在物质环境异乎他人，而且沐浴着不一样的精神氛围，所以他才有那样超拔的精神风貌。虽然孟子没有展开对王子相貌与形态的具体描写，但通过他的笔墨可以想象到齐王子不同凡响的风度气质。

司马迁也曾到齐国游历，亲身体验感受到齐地齐人齐俗与众不同的特点。他这样说："吾适齐，自泰山属之琅邪，北被于海，膏壤二千里，其民阔达多匿知，其天性也。"（《史记·齐太公世家》）"天下强国无过齐者，……齐，负海之国也，地广民众，兵强士勇"（《史记·张仪列传》）。《史记·苏秦列传》也说："齐地方二千余里，带甲数十万，粟如丘山。三军之良，五家之兵，进如锋矢，战如雷霆，解如风雨。……齐之强，天下莫能当。"国富民强，又有强大的军事力量，齐国成了威震天下的大国强国。齐国地域开阔，沃野千里，百姓胸怀豁达，深沉多智；齐国之傲视群雄，称霸诸侯，顺理成章。司马迁的口吻中充满了赞赏之意。人的性格气质往往与经济发展水平分不开，偏僻未开化地方的居民大多拘谨保守，胆小怕事，眼界狭窄，对新生事物不容易接受；而富庶之地的民众则因为不用为基本的衣食住行操心萦怀，生存余地大，性情会开放阔达，不拘小节。

鲁文化也强调养民富民。养民就是让百姓具备赖以生存的基本条件，孔子曾称赞郑国子产"有君子之道四焉"，其中之一就是"其养民也惠"。孟子主张实行王道，认为使民"养生丧死无憾"是"王道之始"，强调"明君制民之产，必使仰足以事父母，俯足以畜妻子；乐岁终身饱，凶年免于死亡。"（《孟子·梁惠王上》）孟子同时强调"民事不可缓"，因为民事是保证基本生存之需的根本。他还提出恒产概念，"民之为道也，有恒产者有恒心，无恒产者无恒心。苟无恒心，放辟邪侈，无不为已。"（《孟子·滕文公上》）这一思想对后世影响非常大，自此以后，保护人民利益、尊重人民生存权利、让人民过上富足生活成为统治者考虑的重点。

鲁国十分重视发展生产，认为只有生产发展了，人民生活有保障，才能安居乐业，统治者的地位才会稳固。为此，鲁文化强调要关注农业生产，保证农时，让人民生活富裕。孔子提出"使民以时"（《论语·学而》），就是说役使老百姓要在农闲时候，不要影响他们从事农业生产活动。他还说："使民如承大祭"（《论语·颜渊》），役使人民要严肃认真小心谨慎，好像要去承担大祭典一样。这都表明了对待百姓的态度要慎重恭敬，因为他们是衣食父母，是保证国家正常运转的基础。与齐国从立国之初就大力发展工商业有所不同，鲁国发展生产的重点放在农业方面。因为鲁国所处的地理位置是典型的内陆区域，土地平整，土壤肥沃，如《史记·货殖列传》所说，"沂、泗水以北，宜五谷桑麻六畜……鲁好农而重民。"正说明鲁国以农事为重，重视农业生产的经济活动特征。对于商业，鲁国没有明确的限制，但也没有主动的鼓励措施，所以商业一直处于相对滞后的状态。只是到了后期，随着社会的发展和时代的变迁，鲁人安土重迁的观念也有所松动，开始接受并进行一些商业活动，从而鲁人的精神面貌也变得"好贾趋利"（《史记·货殖列传》）起来。

在民富的基础上，对民众实施教化才是可能的，形成正确的价值观念才能有好的效果。《论语·子路》中记录了这么一个场景："子适卫，冉有仆。子曰：'庶矣哉！'冉有曰：'既庶矣，又何加焉？'曰：'富之。'曰：'既富矣，又何加焉？'曰：'教之。'"说的是孔子到卫国，看到卫国人口众多，他的学生冉有问他卫国下一步该采取什么施政措施？孔子回答说使人民富裕起来。冉有又问他富了以后怎么办？孔子回答说教育人民，这是孔子的重要治国理政思想，也是被后世统治者宣扬的富而后教的执政思想。只有民众的基本生活得到保障，才能顾及荣誉和耻辱等更高的要求。孟子认为物质的丰富是保证人们向善的基础，他说："民非水火不生活，昏暮叩人之门户求水火，无弗与者，至足矣。圣人治天下，使有菽粟如水火。菽粟如水火，而民焉有不仁者乎？"（《孟子·尽心上》）马克思说："思想、观念、意识的生产最初是直接与人们的物质活动，与人们的物质交往，与现实生活的语言交织在一起的。人们的想象、思维、精神交往在这里还是人们物质行动的直接产物。"[①] 人们

---

① 《马克思恩格斯选集》第 1 卷，人民出版社 2012 年版，第 151 页。

的道德水平与物质生活水平密切相关，提醒我们任何情况下都不能忘记物质决定意识这一唯物主义的基本思想。

养民富民思想源于齐鲁文化的君民一体认识。孔子弟子有若在与鲁哀公讨论荒年财政紧张怎么办的时候，有若说减少税收以减轻人民负担。哀公不同意，说现在的税收还不够用，怎么能再减少呢？有若说："百姓足，君孰与不足？百姓不足，君孰与足？"真是义正词严，国君不应该与民争利。如果百姓富足，国君自然富足；反之，如果百姓穷困，国君必定穷困。应该藏富于民，轻徭薄赋，百姓衣食富足，是国家富强、政权稳定的前提。唐太宗谓侍下曰："为君之道，必须先存百姓。若损百姓以奉其身，犹割股以啖腹，腹饱而身毙。"搜刮民脂民膏满足统治者私欲，无异于是政权的一种自杀行径。荀子在谈到民富与国富的关系时更明确指出："下贫，则上贫；下富，则上富。"因此英明的君主必须爱民，用政策使百姓富裕。如果君主肆意搜刮民财，导致"百姓虚而府库满""上溢而下漏"，那么就会出现"入不可以守，出不可以战"的局面，国家倾覆灭亡也就为期不远了。这些观点代表了中国传统社会主流的价值观，彰显了齐鲁文化的智慧。

九、多元包容的和合精神

"和合"精神是中国传统文化中极富生命力的文化内核，也是齐鲁文化的精华所在。"和合"文化重视人与人、人与自然间的和谐与统一，也关注个体身心的和谐、人与社会及各种文明间的和谐关系，对于构建和谐人生、和谐社会、和谐世界具有重要参考价值。

（一）和同之辨，历史溯源

贵和思想，在中国历史上具有悠久的传统。春秋时期，一些执政者和思想家就开始探讨这个问题。据《国语·郑语》记载，西周太史伯为郑桓公分析天下大势时指出，西周将亡，原因是周王亲小人、远贤臣，不顾人民的意愿，且"去和而取同"。史伯认为："和实生物，同则不继。"什么是"和"，什么是"同"，它们之间本质的不同在哪里呢？史伯下面举例来分析："以他平他谓之和，故能丰长而物归之；若以同裨同，尽乃弃矣。故先王以土与金木水火杂，以成百物。是以和五味以调口，刚四支以卫体，和六律以聪耳，正七体以役心，平八索以成人，建九纪以立纯德，合十数以训百体。……于是乎先王聘后于异姓，求财于有方，择臣取谏工而讲以多物，务和同也。"这段话意谓，金木水火土相配合生成万物，酸甜苦辣咸五种滋味满足人们口味，协调六种音律来悦耳，端正七窍来服务于心智……总之是综合多种因素，使之相互配合协调来组成新的事物或达到理想的效果，这便是"和"。它包含多样性、承认差异性、不排斥矛盾甚至冲突，但最终是达成更高层次的统一与协调，即和谐。所以用一句话来概括"和"，即多样的统一。后面史伯又从反面论证这一问题："声一无听，物一无文，味一无果，物一不讲。"即只有一种声音谈不上动听的音乐，只有一种颜色构不成五彩缤纷，只有一种味道称不上美味，只有一种东西就没法进行优劣的比较。只有允许不同的事物存在，才能有对比，有竞争，有发展，有提高，才能造就五光十色、欣欣向荣的局面，即史伯所说的"和实生物"；否则便陷入单调、乏味、萧条、冷落乃至死亡的境地，即史伯所谓"同则不继"。

比史伯晚二百多年的齐相晏子继承了史伯的这一观点并加以发展。据《左传·昭公二十年》记：晏子在回答齐侯"和与同异乎"这一问题时说："异。和如羹焉，水火醯醢盐梅以烹鱼肉，燀之以薪。宰夫和之，齐之以味，济其不及，以泄其过。君子食之，以平其心。君臣亦然，君所谓可而有否焉，臣献其否以成其可；君所谓否而有可焉，臣献其可以去其否。是以政平而不干，民无争心。……先王之济五味，和五声也，以平其心，成其政也。"晏子认为厨师做羹要用各种不同的味来调制，才能得到美味；乐师要融合不同的音乐元素，协调不同特色的声音，才能创造出美妙的音乐。君臣关系也是如此，但凡君主认为可行，但其中有些（实际）不可行，作为臣就要奏告君主其中不可行的，同时促成其中可行的；但凡君主认为不可行，而实际其中有些可行，臣就要奏告君主其中可行的，同时剔除不可行的。据此施政才能政治清明且不空泛，民不生对抗之心。如果国君认为可行，臣下也完全赞同，国君认为不可行，臣下也完全反对，这样的国君和臣下是"同"，而不是"和"。也就是说，制定一项决策，发布一项命令，要善于多方倾听不同的意见，正面的意见要听，反面的意见更要听，这样相互补充，拾遗补缺，使决策或命令更完善合理，君臣之间就能在更高水平上达到和谐的状态。

这一思想被孔子归纳提升为衡量君子与小人的标准："君子和而不同，小人同而不和。"即是说在为人处世方面，正确的方法应该是既坚持原则又不排斥不同意见，在相互争论辩解中达成共识，而不是虚与委蛇，随声附和，人云亦云。在此基础上，孔子提出对待君主的正确态度是："勿欺也，而犯之。"对待真理的态度是："当仁，不让于师。"按照这一标准衡量，孔子认为颜回不是一个好学生，因为"回也非助我者也，于吾言无所不说"。颜回只是一味地对老师言听计从，对老师所说的意见不加辨别地一律认同，无条件接受，而不是经过深入思考，提出疑问与建议，丰富补充老师意见。

这应该是"和"的重要意涵，即：充分尊重差异，包容不同，善于处理各种错综复杂的矛盾，广泛参考借鉴学习不同意见，开放包容，兼收并蓄，博采众长，而不是人云亦云，随声附和。在此基础上，达到更高的理想状态。

（二）以和为贵，和气致祥

齐鲁文化是一种人文精神充沛的文化，这是齐鲁文化的突出特征。而人不是孤立的存在，每个人都处在一定的社会关系中，与他人发生着关系，与社会发生着关系，而且也与一定的自然环境发生联系。怎样处理这一系列关联，齐鲁文化所秉持的原则，主要是以人为本、以和为贵、天人合一，这体现着齐鲁文化特有的价值理念。

在处理人与人之间的关系上以和为贵。即常怀友爱良善之心，不仅爱亲人、爱朋友；即使是对不相干的他人，也要宽厚仁慈。孔子说："己所不欲，勿施于人。"（《论语·颜渊》）这是一种设身处地的换位思考方法，自己不想做的，也不要强迫别人去做。这已经被视为处理人与人之间关系的道德金律，对于营造和谐美好的人际关系，进而形成一种团结和睦的社会风气大有裨益。"己欲立而立人，己欲达而达人"（《论语·雍也》）。有仁德的人，自己想要立得住，也让他人立得住；自己要想事事行得通，也要帮助他人行得通。这是儒家思想"仁"的具体体现，一个仁爱的人，是一个以"博施济众"为己任的人，是一个乐善好施的人。孟子提出，"穷则独善其身，达则兼善天下"。君子不得志的时候就要管好自己，提高道德修养，得志的时候就要努力让天下人都能得到好处。荀子则认为人之所以"最为天下贵"，是因为人能"和"，而"和则一，一则多力，多力则强，强则胜物……"人与人之间和睦协调就能团结一致，力量就强大，就能战胜外物。

在处理人与社会的关系上以和为贵。先秦思想家把"和"作为最高的政治伦理原则，作为政治理应达到的一种效果。《尚书》说："克明俊德，以亲九族。九族既睦，平章百姓。百姓昭明，协和万邦，黎民于变时雍。"强调首先把自己的宗族治理好，使之团结和睦，上下一心；然后治理自己的诸侯国并协调各诸侯国之间的关系，这样一来，天下臣民都友好如一家。这是一种十分理想的社会形态，家庭和睦，国家安宁，人人各得其所，各尽其能，彼此没有冲突。正像《礼记·礼运》中描述的那样："四体既正，肤革充盈，人之肥也。父子笃，兄弟睦，夫妇和，家之肥也。大臣法，小臣廉，官职相序，君臣相正，国之肥也。天子以德为车，以乐为御，诸侯以礼相与，大夫以法相序，士以信相考，百姓以睦相守，天下之肥也。"这是一幅多么美好的人间乐园！

在处理国与国之间的关系时以和为贵。中华民族历来有爱好和平的传统。孔子弟子有子曰："礼之用，和为贵。"（《论语·学而》）礼的运用，以恰到好处为尊贵。因为恰如其分，无过无不及，符合分寸，把握尺度，所以能达到一种和谐的境地。孟子也说："天时不如地利，地利不如人和。"（《孟子·公孙丑下》）《中庸》说："和也者，天下之达道也。"当遇到与其他国家民族的冲突时，主张用和平的手段解决问题。在中国悠久的历史上，几乎没有主动侵略他国的记录，说明中华民族不仅在理论上呼吁和平，在实践中也是遵守和平原则的。英国哲学家罗素早就发现中华民族的这一优良传统，他在 20 世纪初写的文章中指出："（中国人）统治别人的欲望明显要比白人弱得多，如果世界上有'骄傲到不肯打仗'的民族，那么这个民族就是中国。中国人天生的态度就是宽容和友好，以礼待人并希望得到回报。"① 不好战，宽容和友好，以礼待人正说出了齐鲁文化精神中的以和为贵思想。

🔗 知识链接

    四海之内皆兄弟。《论语·颜渊》记载："司马牛忧曰：'人皆有兄弟，我独亡！'子夏曰：'……君子敬而无失，与人恭而有礼。四海之内皆兄弟也。君子何患乎无兄弟也？'""四海之内皆兄弟"是中华民族仁爱精神的最高体现，也是中国处理国与国之间关系时所奉行的行为准则。

    人的身心（包括生理、心理）处于一种最好的状态中。《礼记·中庸》有言："喜怒哀乐之未发，谓之中；发而皆中节，谓之和。中也者，天下之大本也；和也者，天下之达道也。致中和，天地位焉，万物育焉。""中"是自然人的状态，"和"是社会人符合礼仪法度从容自然的理想状态，达到这种境界，人就会温和安详、从容自若，那么天地各居其位，万物自在地生长发育。

    "和"的观念在中国思想史上影响深远，而且深入到中国人的生活之中，对中国人的心理与现实人生发挥着重要影响，成为最高的价值标准。在这个标准指导下，人们追求心灵的平和、家族的和睦、人际关系的和谐以及天人之际的和谐。历代

---

① [英] 罗素：《中国问题》，学林出版社1996年版，第154页。

帝王和统治阶层也把"和"看作是理想的政治境界，并希望保持这种和谐，使其政权永远延续下去。

（三）天人合一，和谐共生

在齐鲁文化的理论表述中，一向主张人与自然和谐共处，强调人与自然之间协调的一面，而不是对立的一面。中国古代的思想家们把天地万物视为一个有机联系的整体，相互依存、相互支撑，只有处于和谐关系中，才能各得其所并生生不息，即《中庸》所说的："万物并育而不相害，道并行而不相悖，……此天地之所以为大也。"希望达到"万物皆得其宜，六畜皆得其长，群生皆得其命"的和谐状态（《荀子·王制》）。

孔子对天地自然万物充满敬畏和关爱，他说："天何言哉？四时行焉，百物生焉，天何言哉？"（《论语·阳货》）意思是，天虽然不说话，但是春夏秋冬四季更替，万物生长，天又何尝说过什么呢？这是孔子与他的弟子子贡之间的对话，表达对于自然规律和天地之道的理解。天地自然运行，万物自然生长，无需多言，其中包含了对顺应自然、尊重自然规律重要性的认识。《论语》提到孔子"钓而不纲，弋不射宿"（《论语·述而》），即夫子用鱼竿钓鱼而不用渔网捕鱼，射鸟时不射杀归巢的鸟。不用渔网捕鱼意味着不会一网打尽，有利于鱼儿繁衍生息；不射杀归巢的鸟是为了鸟儿能够团聚，可以哺育后代，享受生命。这种做法体现了孔子对动物的仁爱之心，不能滥捕滥杀，万物和谐共存。孔子认为，"仁厚及于鸟兽昆虫"（《孔子家语·五帝德》），这就是说，仁爱之心，应当扩展到鸟兽虫鱼等所有自然万物。孔子还说："知者乐水，仁者乐山"（《论语·雍也》），智者的性格就像水一样活泼灵动，反应敏捷，思想活跃，性情好动；仁者像山一样沉稳安静，仁慈宽容，因恬静自安而得以长寿。

齐鲁文化有"以天为则"的传统。孔子说："大哉！尧之为君也，巍巍乎！唯天为大，唯尧则之。"（《论语·泰伯》）因为天地有很多优秀的品德值得人学习，孔子曰："天无私覆，

孔庙十三碑亭（张建中／摄）

地无私载，日月无私照"（《礼记·孔子闲居》）。天地是非常诚信的，《中庸》里讲"诚者天之道也，诚之者人之道也"。孟子也说："诚者天之道也，思诚者人之道也。"（《孟子·离娄上》）人最主要的品德都是从天地中学来的，这就是"天人合德"，即人与天在德行上的一致。

不仅要向天地学习，还要向万物学习。比如水，儒家推崇水，所谓君子如水，孔子遇水必观。《论语·子罕》记："子在川上曰：'逝者如斯夫！不舍昼夜。'"孟子曾说孔子"观水有术"（《孟子·尽心上》）。《荀子·宥坐》《说苑·杂言》《韩诗外传》《孔子家语》等均记有孔子观水或回答弟子关于为什么"君子见大水必观焉"问题的内容。可以看出，孔子喜欢水，看重水，水总能让他有所思考、有所领悟，所以每遇水必认真观看。到底是水的什么属性打动他，水的什么品质让他流连忘返呢？我们且来看《荀子·宥坐》中的记载："孔子观于东流之水。子贡问于孔子曰：'君子之所以见大水必观焉者，是何？'孔子曰：'夫水，遍与诸生而无为也，似德。其流也埤下，裾拘必循其理，似义。其洸洸乎不淈尽，似道。若有决行之，其应佚若声响，其赴百仞之谷不惧，似勇。主量必平，似法。盈不求概，似正。淖约微达，似察。以出以入以就鲜洁，似善化。其万折也必东，似志。是故君子见大水必观焉。'"就是说：水，灌溉万物、普施众生，却像不经意做的一样，不炫耀，不声张，好像德行；它永远向着低下的地方流去，即使是所行的道路曲曲弯弯，沟沟坎坎，它也一如既往地遵循既定的路线前行，好像义气；水势汹涌，浩浩荡荡，绵绵无绝，望不到尽头，好像大道；如遇阻挡，它也不会灰心丧气，一有机会，便呼啸着奔腾向前，即使刀山火海，百仞之谷，也勇往直前，无所畏惧，好像勇敢；注入量器，公平无私，一概平等，好像法度；满了自然就溢出来，不用提醒，不用强求，自觉自律，好像公正；它性情柔软，任何细微的地方都能到达，好像明察；它荡涤脏污，清洁浊秽，经过它的冲刷淘洗，一切便鲜亮光洁，好像善于教化；千曲万折，一心奔向东方，志向坚定，矢志不渝，好像意志。孔子把水拟人化了，将水所具有的一些特质与君子的道德品质相对应，把水作为人类理想人格的象征，从中体味人生的真谛。水，有德，有义，有勇；它执着坚定，为了追求理想而百折不回，义无反顾，永无止境；它公平正直，无私无蔽；它富有牺牲精神，善于成人之美，且有容人之量，能做到这一切，不就是一位合格的君子吗?！

在齐鲁文化中，一方面强调人不能做神的奴隶，也不能做物的奴隶，而要做人自己，保持人的主体性、独立性和能动性；但另一方面也不能狂妄自大，去做天地万物的主宰，反而要人们虚心地向天地万物学习，尊重自然，顺应自然。

在天人合一思想支配下，中华文化对自然形成了一种超越功利的"无隔"的审美态度。中国古代诗词中有许多表达与自然和谐一致物我两忘境界的篇章："采菊东篱下，悠然见南山""明月松间照，清泉石上流""相看两不厌，惟有敬亭山""感时花溅泪，恨别鸟惊心""我见青山多妩媚，料青山见我应如是""万物静观皆自得，四时佳兴与人同"等等，都表达出了人与自然景物之间的一种默契关系，渗透着自然对人的理智和情感的启发、人与自然的情感交融等丰富内涵。

（四）开放包容，兼收并蓄

要实现和合的境界，需要有相互尊重、宽厚包容、交流互鉴的胸怀和格局。"壁立千仞，无欲则刚；海纳百川，有容乃大"。以宽厚之德包容万物，这是事物生生不息、不断发展壮大的基础。

齐鲁文化从不故步自封，而是在交流互鉴中海纳百川，发展壮大。鲁文化以周文化为蓝本，又受东夷文化和夏商文化的影响，具有很强的包容性。孔子既主张"和而不同"，又强调积极向他者学习。如孔子曾向道家创始人老子问礼，促进了儒道两家思想学说的交流，在中国思想文化史上产生了重要影响。儒家文化是在不断融汇吸收墨、道、法等其他流派的精华基础上形成的。"太山不让土壤，故能成其大；河海不择细流，故能就其深。"齐国的学术思想具有开放性特点，广泛吸收各派思想，不仅有道、法、墨、阴阳、儒家，还有纵横家、农家、兵家等，呈现出一种广博繁盛的格局。而稷下学宫是体现齐文化开放宽容品格的最佳载体。稷下学宫是田齐政权创办的一个有组织的融多种功能于一体的综合机构。它既是一个为统治者提供政治意见与建议的咨询机构，也是一个从事教学与学术研究的机构。有显著的几大特点：一是流派众多。既有来自三晋文化圈的法家，来自楚文化圈的道家，来自鲁文化圈的儒家，也有来自燕齐文化圈的阴阳家，来自宋国一带的墨家，就连农家、小说家等影响较小的学派也在学宫内占有一席之地。二是名家荟萃。如作为齐文化代表的邹衍、淳于髡、田骈、尹文、接子、鲁仲连等；作为邹鲁文化代表的孟子；作为楚文化代表的环渊；融齐、鲁、荆楚、晋文化于一家的集大成者荀子，齐聚稷下，成一时之盛。三是思想多元，自由论争，不拘一格。据史书记载，在学宫定期举行的集会上，持各种学术观点的人畅所欲言，各抒己见，互不相让。如儿说"持白马非马也，服齐稷下之辩者"，田巴在辩论中竟"一日服千人"。在这样的争辩中产生了宝贵的思想理论，形成了春秋战国时期的"百家争鸣"，成为中国学术史上的黄金时期。

齐鲁文化原本多元，在发展的过程中又广泛吸收其他学派的思想内容，形成了博大宏富兼容并包的特点。儒家、法家、道家、阴阳家、兵家、墨家、名家、方技、数术、巫医等众多学派都在齐鲁大地形成，他们各有各的学术观点，但都统一到经世致用这一大目标之下。如儒家尚仁义、重礼制、讲中道，墨家讲"兼爱""非攻""尚贤""尚同""非命""非乐""节葬""明鬼"，同时他们也主张积极入世、济世安民。管、晏强调富国强兵，成就霸业，但又主张重视人的作用，明确提出"以人为本"（《管子·霸言》），实施道德教化，使人民知道礼节、荣辱，培养道德自觉精神，可见他们思想是王霸杂用，礼、法并举的。黄老道家是管仲学派的又一支系，其特点是合道、法于一体，而偏重于道，既主张"虚静无为""弃知去己""万物齐一"，又主张依法治国，积极救世。兵家虽然尚武，讲制胜之道，但从其经典《孙子兵法》和《孙膑兵法》来看，兵家强调"得众""得民心"，认为人民是力量之源，还主张"爱卒""休民"等行德于民、取信于民的措施。齐鲁文化虽然学派众多，内容多样，体系不一，但都统一于人道，统一于入世精神和国家统一的愿望。

"和合"思想是齐鲁文化对人类文明的伟大贡献，孔子倡导"以和为贵""和而不同"，《中庸》言"万物并育而不相害，道并行而不相悖"，都是主张包容共生、尊重差异与不同，反对独霸天下。这种理念在当今世界非常宝贵，世界就是一个大花园，"一花独放不是春，百花齐放春满园"，不同文明不同发展模式只有特色之别，没有优劣之分，要取长补短，包容互鉴，共同发展。中国是地球村的一分子，中国的发展离不开世界，世界的发展也离不开中国。汲取齐鲁文化智慧，加快构建人类命运共同体，这也是中国梦实现的不可或缺的外部环境保证。

🔗 知识链接

孔子"大同"思想。在《孔子家语》和《礼记·礼运》篇皆有记载，其表述为："大道之行也，天下为公，选贤与能，讲信修睦。故人不独亲其亲，不独子其子。使老有所终，壮有所用，矜寡孤独废疾者皆有所养。男有分，女有归。货恶其弃于地也，不必藏于己；力恶其不出于身也，不必为己。是以谋闭而不兴，盗窃乱贼而不作，故外户而不闭。是谓大同。"

十、齐鲁文化精神的当代价值

　　博大精深、源远流长的齐鲁文化是中国传统文化的重要源头之一，是历史文化资源的重要组成部分，是祖先留给我们的一份宝贵文化遗产。齐鲁文化历史悠久，丰厚博深，可供挖掘与开发的文化内涵十分丰富，特别是孔子及其所代表的儒家文化，已经拥有相当高的知名度，成为中华文化的主体和核心，极大地影响着中华民族的思想与精神。在新的时代背景下对齐鲁优秀传统文化进行传承创新具有重要的现实意义和实践价值。

（一）涵养社会道德风尚的宝贵资源

习近平总书记 2013 年在参观考察孔子研究院时指出，"国无德不兴，人无德不立"。何为道德？马克思主义认为，道德是一种社会意识形态，它是人们共同生活及其行为的准则和规范，在具体的社会生活中，道德可分为社会公德、职业道德、家庭美德、个人品德等。道德建设是新时代中国特色社会主义各项事业顺利开展的基础与保障，加强道德建设，必须传承中华传统美德。齐鲁文化是一种伦理道德型文化，在长期实践中培育形成了独特的思想理念和道德规范，是中华传统美德的重要组成部分。

齐鲁文化注重"处世之德"，为社会公德建设提供宝贵资源。社会公德指人们在社会交往和公共生活中应该遵守的行为准则。它是一切道德中最基本、最普遍的道德要求，其内容包括人与人、人与社会、人与自然等多方面的道德规范，其核心是调节人与人的社会交往的道德规范。齐鲁文化对人与人交往的伦理关系和道德要求作了深入考察，留下了丰富的道德资源。比如，齐鲁文化的核心理念是"仁"，主张"仁者，爱人"，强调人皆同类，人和人应相亲相爱；孔子所言"己所不欲，勿施于人"，"己欲立而立人，己欲达而达人"，意谓在处理人际关系时要设身处地，换位思考，善于站在别人的立场上考虑问题，这是典型的利他意识。齐鲁文化重礼，强调自爱爱人、自敬敬人，恭敬持身，礼让为先，在与他人发生冲突时若不违背社会规范则主动谦让，这是一种舍己为人、以礼待人的美德。它有利于缓解人际关系之间的紧张，实现人与人之间的团结友爱。儒家处世之德所体现的"乐群贵和"的总体精神及具体行为规范包含着许多积极的因素，对于推动公民道德建设，促进健康和谐的社会风气，具有重要借鉴意义。

齐鲁文化强调"敬业之要"，是职业道德建设的重要内容。职业道德指人们在职业生活中应遵循的基本道德。在现实生活中，职业活动是人们最主要、最基本的社会活动之一，也是对社会所承担的重要责任，在职业活动中呈现出来的道德素养和品德水准反映着整个社会的道德风貌。齐鲁文化特别强调"忠"德，所谓"尽己之谓忠"，在职业工作中就表现为忠于职守、全力以赴、精益求精的精神；不能把职业活动仅仅当作谋生的手段，而要把它作为事业，脚踏实地，全心全意，尽职尽责。敬业还表现为"信"德，即要诚实守信，重承诺，讲信用，守合约。孔子曾说："人而无信，不知其可也，大车无輗，小车无軏，其何以行之哉？"把诚实守信当作人基本的立世规则，这也是在处理和职业服务对象关系时的重要道德遵循。其次要正直，不自欺、不欺人，杜绝假冒伪劣、以次充好、欺行霸市。《孟子》记载了战国时许行的职业道德观点："虽使五尺之童适市，莫之或欺。布帛长短同，则贾相若；麻缕丝絮轻重同，则贾相若；五谷多寡同，则贾相若；屦大小同，则贾相若。"(《孟子·滕文公上》)要求人们在职业活动中做到价格公平合理，童叟无欺。总之，"忠""信"是职业道德的基本原则，是人们在职业活动中最基本的品德。齐鲁文化所倡导的内涵在今天仍具有重要的现实意义。

齐鲁文化之人伦道德包含着家庭美德建设的积极因素。家庭美德是每个公民在家庭生活中应该遵循的行为准则。齐鲁文化高度重视家庭道德，提出了一整套详尽的行为规范，形成了中国家庭道德的深厚传统。一是勤俭持家。勤就是积极劳作，刻苦耕耘，通过自己的劳动创造财富，创造自己的生活，不懒惰，不好逸恶劳；俭是节约素朴，珍惜所有的劳动成果，不造成无谓的浪费。《国语·鲁语》说："夫民劳则思，思则善心生。逸则淫，淫则忘善，忘善则恶心生。"道出了勤劳和节俭的重要性。二是家庭和睦。齐鲁文化特别重视父慈子孝，父母要爱自己的子女，子女要孝敬自己的父母。齐鲁文化认为父母之爱不是无原则地溺爱、纵容，而是要为子女的长远考虑，培养他们成为对社会有价值的人；而为人子女者对父母的孝，不仅仅是从物质上赡养父母，而是不辜负父母的教诲和希望，继承父母的志向，将父母的事业发扬光大，为社会作出贡献。《孝经》说："立身扬名，以显父母，孝之终也。"这才是一种高层次的孝。三是夫妻之间相敬如宾。齐鲁文化认为夫妻关系乃人伦之始、风化之原，有夫妻然后才有父子兄弟。《中庸》说："君子之道，造端乎夫妇。及其至也，察乎天地。"夫妻之间互敬互爱，就会礼敬地对待他人；夫妻关系处理得好，其他家庭关系和社会关系也不在话下。齐鲁文化关于家庭道德的理论深化了人类对家庭生活、家庭关系的认识，对后世影响巨大，正是在这种思想观念的影响下，中国人在家庭生活中特别注重家风、家教，注重倾听长辈的教诲，在积极建功立业、贡献国家社会的同时光宗耀祖。

齐鲁文化的为人处世准则与个人品德建设具有内在的一致性。个人品德由道德认识、道德情感、道德意志和道德行为等因素构成，主要体现为做一个什么人的问题。齐鲁文化特别重视做人，把为人处世、人的道德修养作为一个逻辑起点，所谓"修身齐家治国平天下"。对此，梁启超先生有一个著名的论断："儒家一切学问，专以研究人之所以为人者为其范围"，"儒家舍人生哲学外无学问，舍人格主义外无人生哲学也"①。儒家是齐鲁文化中最有代表性的流派，儒家思想可以充分体现齐鲁文化的总体特征。

齐鲁文化积极入世，人文精神丰沛，重视世俗理性，重视伦理道德，重视人际关系，重视为人处世的学问。齐鲁文化所崇尚的理想人格标准就是"内圣外王"。"内圣"，即道德上的自我修养自我完善；"外王"即建功立业，奋发有为。《周易》有言："天行健，君子以自强不息"（《易传·象传上·乾》）；"地势坤，君子以厚德载物。"（《易传·象传上·坤》）大自然春夏秋冬四季轮回生生不息，每时每刻都在向前运行发展，从来不

---

① 梁启超：《饮冰室合集》（九），中华书局1989年版，第69页。

会停下脚步，人也一样，永远不要停止追求进步的脚步；大地胸怀阔大，无所不包，兼容万物，君子应如大地般心胸宽广，增厚美德，容载万物。"自强"与"厚德"正体现了齐鲁文化对人的要求，做一个仁义礼智信兼备的、道德修养高的人，做一个有理想、有志向、有责任感、使命感的人，是齐鲁文化给我们的要求。这一部分道德资源是我们塑造健全人格、提升思想道德境界的有益食粮，对于改善社会道德风气，帮助人们树立正确的价值取向，培育健全的心灵，具有极大的意义。而那些创造齐鲁文化的先贤圣哲们集智慧、才情、德性于一体，他们本身就是一本很好的教材，供我们研读学习，对我们陶冶情操健全人性会起到巨大作用。

习近平总书记在主持中央政治局第十三次集体学习时指出："中华传统美德是中华文化精髓，蕴含着丰富的思想道德资源。不忘本来才能开辟未来，善于继承才能更好创新。"① 齐鲁文化所包含的基本道德范畴，涵盖了个人在家庭、社会和国家中为人处世、安身立业的道德准则，内容十分丰富，思想极其深刻，成为中华民族继往开来、不断发展的道德资源。

（二）增强民族自尊自信的重要依托

齐鲁文化在中华文化发展史上占有特殊重要的地位。它不

---

① 《习近平谈治国理政》第一卷，外文出版社 2018 年版，第 164 页。

仅是中华文化的重要组成部分，而且是中国传统文化的主干和核心。特别是其中的孔子及其所代表的儒家文化，可说是上承三代，下启后世，将中华数千年文化传统联为一大系统，且作为核心，表现出强大的凝聚力、恢宏的包容性和坚韧顽强的生命力。从某种程度上说，齐鲁文化最能展示和体现中华文化的特色和力量，是中华文化的典型代表，对海内外华人发挥着无与伦比的吸引力和感召力。

齐鲁文化是中华文化的突出代表。与其他地域文化相比，齐鲁文化有其特殊的意义，它不仅包含齐文化和鲁文化的内涵，而且还吸纳了其他地域文化的优点和长处，举凡儒、墨、道、法、阴阳、兵等诸子百家学派，几乎都包括在内，形成了博大宏富的文化体系。其影响力非其他地域文化能比。"在秦汉以前，齐鲁是当时的文化中心区，是中国传统文化的核心思想——儒家文化的发源之地；在秦汉以后二千余年漫长的历史发展过程中，齐鲁作为孔孟故乡，是中国人乃至全球华人心中的圣地。"[1] 山东的"一山、一水、一圣人"在世界上具有很高的知名度，其中的圣人，就是被称为至圣先师的孔子。孔子是中国古代最著名、最有影响力的思想家、教育家，是中国传统文化最杰出的代表，由他开创的儒家学派的思想成为中华民族传统文化的主干，对中华民族价值体系的形成及发展有着极其

---

① 王志民：《试论齐鲁文化在增强民族凝聚力中的作用》，《中央社会主义学院学报》2007 年第 5 期。

深刻的作用和影响。孔子成为中华民族首屈一指的形象代表，其思想已经传播到世界各地，产生了广泛的影响。在中国以外的区域，一说到孔子，就代表着中国，研究中国，不可能离开孔子，孔子已成为中华儿女团结的象征，是一种强大的民族凝聚力。作为世界十大文化名人之一，孔子与苏格拉底、佛陀和耶稣一起，被称为缔造世界文化的"四圣哲"。近年来，中国在世界各地开办孔子学院，孔子以 2500 多岁的"高龄"再次披挂上阵，周游列国，传播中华文化，说明孔子及其思想历经岁月的风霜雨雪依然魅力不减。孔子所说的"有朋自远方来，不亦乐乎？"不仅全球华人耳熟能详，即便是讲英文、法文、德文、俄文的外国人会说这句话的也是不计其数；"己所不欲，勿施于人"的思想，被一些著名政治活动家倡导制定的《世界人类责任宣言》确定为全球治理的黄金规则，被视为处理人际关系的道德金律。孔子既属于中国，又属于世界，他的思想既是历史的，又是跨时代的。

齐鲁文化的悠久历史与辉煌创造为中华文化输入绵绵不绝的强大生命力。近代以来，尽管以齐鲁文化为主体的中国传统文化遭到批判，但它仍以顽强的姿态挺立世界，依然散发着独特的魅力。博大精深的传统文化是中华民族的根基，无论中华儿女走得多远，总要叶落归根；传统文化是中华民族的一面旗帜，无论沧桑变迁，依然具有号召力，中华儿女永远团结在这面旗帜下；传统文化犹如一块磁石，对中华儿女具有永恒的吸引力。在当前全球化的大背景下，西方发达国家借助先进的科技与物质力量向非西方世界输出他们的思想观念、价值标准与行为方式，非西方世界民族文化正在遭受前所未有的冲击。面对如此严峻的形势，特别需要弘扬齐鲁文化优秀传统，振奋民族精神，构筑精神防线，夯实精神支柱。只有这样，才能不断丰富人们的精神世界，满足人们的精神需求，提高人们的精神境界，增强人们的精神动力，使全体人民始终保持奋发有为、昂扬向上的精神状态。

齐鲁文化在当今中外文明交流互鉴中发挥着重要的战略性作用。一方面，齐鲁文化对于中国人、中国文化来讲具有代表性、标志性的作用，习近平总书记强调指出："要认识今天的中国、今天的中国人，就要深入了解中国的文化血脉，准确把握滋养中国人的文化土壤"，而"研究孔子、研究儒学，是认识中国人的民族特性、认识当今中国人精神世界历史来由的一个重要途径"。[1] 另一方面，齐鲁文化对中国文化走向世界具有重要意义。如孔子，不独属于山东，属于中国，更属于世界，属于全人类。齐鲁文化以其巨大的影响力和号召力具备与世界对话交流的优势，推动中国文化走向世界。应充分利用好齐鲁文化这一世界级文化符号的价值，以孔子品牌彰显中华文明特性，彰显中国文化魅力。

---

① 《习近平著作选读》第一卷，人民出版社 2023 年版，第 281—282 页。

（三）凝聚民族向心力的丰沛源泉

民族凝聚力是维系国家统一、民族团结的重要纽带，是激励民族成员为民族生存和发展共同努力的内在动力，是民族历经磨难而绵延不绝的根本因素。中华民族的凝聚力是中华民族在长期发展过程中形成的文化层面的力量，蕴藏在每一位民族成员内心深处，是支撑、维护一个民族团结一心、生生不息、不断发展壮大的强大力量。

从中华民族凝聚力的生成要素看，它以传统文化为基础和依托，以传统文化本质为组成要件，中国传统文化中的优秀传统构成了中华民族凝聚力的基因，是中华儿女认同的基础。在这方面，齐鲁文化具有其他地域文化所不具备的独特优势。

齐鲁文化所包含的"大一统"理念是增强中华民族凝聚力的导向和灵魂。"大一统"是齐鲁文化的重要思想，是一种追求统一的国家观和民族观。"大一统"思想源远流长，它的源头是孔子提出的"大同"社会理想。孔子认为，"大同"是曾经存在的社会，它存在于三代圣王禹、汤、文、武、成王、周公时期。孔子认为，这是一个十分理想的社会状态，在这样的社会里，"圣道"大行，天下为公，社会管理者唯贤是举，选才任能；人与人之间平和相处，互相扶持；彼此没有争斗，各尽其力；社会上的每一个人生活都能够得到保障，而且物尽其用，人人各尽所能，盗贼不作，夜不闭户。孔子的大同思想，追求的不是局部的和谐，而是整个社会的和谐，这一思想影响了无数的中国人，对于国家的统一和民族的团结发挥着显而易见的作用。中华儿女在"大一统"思想影响下始终保持着一种强大的民族文化凝聚力，使中国始终以统一的大国屹立于世界民族之林。而儒学传统的"家国一体""舍家为国"的思想，逐渐积淀为高尚的爱国主义精神，使得中华民族具备了强大的文化凝聚力。

齐鲁文化为提升中华民族凝聚力提供丰厚精神资源。民族凝聚力主要体现为全体成员对民族文化之价值取向、理想信念、道德习俗等的高度认同。齐鲁文化是中华文明的重要来源，为中华儿女提供同宗同族的血脉基因和感情纽带。齐鲁文化之家国一体的情怀，是中华民族的人生道德理想，将个人的前途与国之命运紧密相连，对国家民族表现出浓情大爱。齐鲁文化重和谐，讲和合，强调无私、统一，尊重不同和多样性，承认差异和对立，主张包容和共存。这种观念为构建和谐人际关系以及和谐社会乃至人类命运共同体提供了具有普遍意义和永恒价值的思想支撑，也是凝聚中华民族力量的重要资源。

习近平总书记指出，"中华文明有着5000多年的悠久历史，是中华民族自强不息、发展壮大的强大精神力量。我们的同胞无论生活在哪里，身上都有鲜明的中华文化烙印，中华文化是中华儿女共同的精神基因"[1]。齐鲁文化被海内外中华儿女广泛

---

① 《习近平谈治国理政》第一卷，外文出版社2018年版，第64页。

认同，是增强中华民族凝聚力的重要来源。可以说，没有这样一种强大的中华文化凝聚作用，就没有海内外中华儿女的团结统一，就没有中华民族的伟大复兴。

（四）助力中国梦的丰厚价值支撑

习近平总书记指出："实现中华民族伟大复兴，就是中华民族近代以来最伟大的梦想"，"中国梦是民族的梦，也是每个中国人的梦"。① 这个梦想，凝聚了几代中国人的夙愿，体现了中华民族和中国人民的整体利益，是每一个中华儿女的共同期盼。实现"中国梦"是一项光荣而艰巨的事业，需要一代又一代中华儿女共同为之努力。每个中国人都是"梦之队"的一员，都是中国梦的参与者、书写者、推动者，都是实现中国梦不可或缺的重要力量。齐鲁文化深深积淀于海内外华人的心灵深处，它的自强不息刚健有为的精神激发着炎黄子孙的爱国情怀。实现中华民族伟大复兴离不开全球华人的积极参与，弘扬齐鲁文化，挖掘齐鲁文化丰富的精神内涵，必将有力推动社会主义现代化建设，重铸中华民族的鼎盛和辉煌，将"中国梦"的伟大构想化为美好现实。

齐鲁文化自强不息的精神为中国梦的实现注入激情和动力。齐鲁文化具有自强不息、锐意进取的精神，是其发展的内

---

① 《习近平著作选读》第一卷，人民出版社 2023 年版，第 63、98 页。

在动力，又像源头活水，给中华民族以无穷的生命活力。齐鲁文化的主要代表人物姜太公、管仲、晏婴、孔子、孙子、墨子、孟子等，以及以他们为代表的儒、墨、管、兵等家学派，都是积极入世且充满了刚健进取、自强不息精神。《易传·象传上·乾》有言，"天行健，君子以自强不息"。这是用自然界的规律比照人世间，用自然运行的特点指导人们的实践与行动。意为自然界春夏秋冬四时运行，昼夜更迭，岁岁年年，无止无息，任何力量也阻挡不住，人应效法大自然而不断追求进步，自立自强，永不懈怠。世世代代的中国人用自己的智慧与力量，战胜各种艰难险阻，独立自主，顽强奋斗，自强不息的精神是贯穿始终的内在动力。自强不息精神，已经成为中华民族英勇无畏、开拓进取、不断创造辉煌的强大精神力量。正是靠了这一精神，在以往的历史中，中华民族战天斗地，顽强拼搏，抵御外侮，自力更生，取得了举世瞩目的伟大成就，创造了灿烂的中华文明，为人类文明进步作出了不可磨灭的巨大贡献。当此中国崛起，中华民族正在走向复兴之际，我们面临着复杂多变的国际形势，面临艰巨繁重的改革发展任务，面临可以预料和难以预料的风险和挑战，需要我们以自强不息的伟大民族精神凝聚海内外中华儿女，汇集起不可战胜的磅礴力量，将"中国梦"的伟大构想化为美好现实。

齐鲁文化为政以德、仁民爱物的治政思想为"以德治国"提供政治文化智慧。孔子"仁爱"学说，主张"德治"，认为"为政以德，譬如北辰，居其所而众星共之。"孟子继承孔子衣钵，积极推行儒家的仁政措施，主张国君要实行"仁政"，与民"同乐"。这都是"德治"的文化渊源。当今时代，我们倡导"依法治国和以德治国相结合"，坚持"以人民为中心"的发展思想，可以从齐鲁文化中汲取营养，得到启示，把人民群众对美好生活的向往，作为我们的奋斗目标，为实现中国梦而不懈努力。

齐鲁文化修齐治平、经世致用的家国情怀为中国梦的实现增添人文意蕴。齐鲁文化的各个思想流派，都有着治世安邦的强烈责任意识。孔子周游列国，奔走呼吁，力图让自己的政治主张发挥作用。孟子则直接喊出："如欲平治天下，当今之世，舍我其谁也。"（《孟子·公孙丑下》）那种迫不及待、摩拳擦掌想做一番业绩的担当与进取精神，让人动容。这种源远流长的文化品格，开启了后世"先天下之忧而忧，后天下之乐而乐""天下兴亡，匹夫有责"的天下情怀；滋养出舍生取义的仁者境界，至大至刚的浩然正气；积淀了"明理致用""笃行践履"的务实精神，成为一代代志士仁人的人生追求。

齐鲁文化和而不同、协和万邦的和谐观念为实现中国梦提供宝贵借鉴。"和合"思想是齐鲁文化对人类文明的伟大贡献，孔子倡导"以和为贵""和而不同"，《中庸》言"万物并育而不相害，道并行而不相悖"，都是主张包容共生、尊重差异与不同，反对独霸天下。这种理念在当今世界非常宝贵，世界就是一个大花园，"一花独放不是春，百花齐放春满园"，不同文明不同发展模式只有特色之别，没有优劣之分，要相互尊重，取长补短，包容互鉴，共同发展。中国是地球村的一分子，中国的发展离不开世界，世界的发展也离不开中国。汲取齐鲁文化智慧，加快构建人类命运共同体，这也是中国梦实现的不可或缺的外部环境保证。

参考文献

《马克思恩格斯选集》第 1 卷，人民出版社 1995 年版。

《习近平谈治国理政》第一卷，外文出版社 2018 年版。

《习近平谈治国理政》第二卷，外文出版社 2017 年版。

《习近平谈治国理政》第三卷，外文出版社 2020 年版。

《习近平著作选读》第一卷，人民出版社 2023 年版。

梁启超：《饮冰室合集》（九），中华书局 1989 年版。

梁启超：《先秦政治思想史》，东方出版社 1996 年版。

《金明馆丛稿二编·冯友兰中国哲学史下册审查报告》，上海古籍出版社 1982 年版。

钱穆：《孔子传》，生活·读书·新知三联书店 2002 年版。

钱穆：《中国文化史导论》，商务印书馆 2003 年版。

熊十力：《熊十力全集》第三卷，湖北教育出版社 2001 年版。

杨向奎：《宗周社会与礼乐文明》，人民出版社 1992 年版。

南怀瑾：《历史的经验》，复旦大学出版社 2017 年版。

中国文化书院讲演录编委会：《论中国传统文化》，生活·读书·新知三联书店 1988 年版。

郭墨兰主编：《齐鲁文化》，华艺出版社 1997 年版。

王志民：《齐鲁文化与中华文明十六讲》，山东人民出版社2020年版。

吕文明主编：《齐鲁文化与中华文明学术公开课》，山东人民出版社2022年版。

匡亚明：《孔子评传》，南京大学出版社1990年版。

陈来：《古代宗教与伦理——儒家思想的根源》，生活·读书·新知三联书店1996年版。

蒙培元：《蒙培元讲孔子》，北京大学出版社2005年版。

〔英〕罗素：《中国问题》，学林出版社1996年版。

〔美〕杜维明：《东亚价值与多元现代性》，中国社会科学出版社2001年版。

吴宓：《孔子之价值及孔教之精义》，《大公报》1927年9月22日。